ÉLÉMENTS

DE

GRAMMAIRE FRANÇAISE.

DEUXIÈME PARTIE.

CHAPITRE PREMIER.

On a vu, dans la première partie de cet ouvrage, que l'on connaît le *genre* et le *nombre* des noms, par l'ARTICLE ; que pour *nommer* les objets qui s'offrent aux yeux, à l'imagination, etc. on se sert du NOM ; que l'ADJECTIF y *ajoute* une qualité, une idée secondaire ; que le PRONOM s'emploie *pour le nom ;* que l'on marque l'existence ou l'action par le VERBE ; que l'on modifie la signification de certains mots, et le plus souvent du verbe, par l'ADVERBE ; que la PRÉPOSITION *précède* toujours un mot nécessaire au complément du sens ; que la conjonction lie, *joint,* si l'on peut parler ainsi, les parties du discours ; enfin, que l'INTERJECTION est un mot *jeté* dans la phrase, pour exprimer un mouvement de l'âme.

Ces neuf mots composent ce qu'on appelle le Discours. Nous allons faire sur chacun de ces mots des remarques particulières.

DE L'ARTICLE.

L'article détermine l'étendue de la signification des noms communs, outre qu'il en fait connaître le genre et le nombre.

PREMIÈRE RÈGLE. Voulez vous présenter un nom commun sous un point de vue *étendu* (général) ou *déterminé*? faites le précéder de *le, la, les.*

EXEMPLES:

L'homme est né pour le travail.

(C'est-à-dire, les hommes *en général, tous* les hommes sont nés, etc.; et c'est un point de vue *étendu.*)

Le vin et *l'eau* rafraîchissent. — J'aime *les biscuits.*

(C'est-à-dire, le vin *en général,* l'eau *en général,* les biscuits *en général, tous* les biscuits, etc.; et ce sont encore autant de points de vue *étendus.*)

L'homme laborieux est estimable.
La femme dont on parle le moins, est souvent celle qu'on doit estimer le plus.
Les personnes qu'on aime, sont sans défaut.
Le sénateur Daubenton est mort.

(Il ne s'agit pas ici de *tous* les hommes, de *toutes* les femmes, de *toutes* les personnes, de *tous* les sénateurs; mais il s'agit de l'homme *laborieux,* de la femme *dont on parle le moins,* des personnes *qu'on aime,* du sénateur *Daubenton*; et ce sont autant de points de vue *déterminés.*)

DEUXIÈME RÈGLE. Voulez-vous restreindre la signification du nom commun?(1)

à...   LE.........LA.............. LES,

substituez DU ou DE LE (2). DE LA............ DES (pour *de les*), s'il s'agit de *fractions.*

EXEMPLES:

DU vin et DE L'eau rafraîchissent. — DES biscuits composent ma nourriture.

Prêtez-moi DU papier, DE L'encre . . . et . . . DES plumes.

S'il s'agissait d'*entiers,* on ferait précéder le nom singulier de *un, une.* EXEMPLE : *Un* pain, *une* bouteille.

Des s'entend indistinctement des *entiers* ou des *fractions.* EXEMPLE : *Des* pains, *des* morceaux de pain.

---

(1) Un nom à sens restreint, est ordinairement un nom employé comme *sujet* ou comme *complément-direct.*

(2) Ce DE qui précède alors l'article, fait prendre le nom commun dans un sens *restreint,* c'est-à-dire *partitif*; en un mot, il indique qu'il ne s'agit que d'UNE PARTIE *de le* vin, d'UNE CERTAINE QUANTITÉ *de les* biscuits, ou d'*un peu* de vin, de *quelques* biscuits.

Dites également dans un sens *restreint*:

J'ai distribué DU pain à DES pauvres.

On dirait dans un sens *étendu* :

J'ai distribué LE pain AUX (*à les*) pauvres. (*Voyez* la page 14.)

TROISIÈME RÈGLE: Le nom à sens restreint (1), *précédé d'un adjectif*, rejette l'article et admet simplement DE.

EXEMPLES:

Voilà DE beau papier. (2)
DE grands événements ont souvent DE petites causes.
La solide vertu fait D'heureux mariages. (DESTOUCHES.)

Dites également, en parlant de *livres*, de *canifs :* « J'en ai *de* bons, j'en ai *d'*autres » (et non pas : DES bons, DES autres).

QUATRIÈME RÈGLE. On emploie également DE,
1°. Après un adverbe de quantité, tel que *peu, beaucoup, infiniment, assez, trop, tant,* etc. *que* signifiant *combien*, après un nom collectif partitif, et après *espèce, genre, sorte,* etc.
2°. Après *jamais, nul*, après *ne.....que* signifiant *seulement*, enfin après tout mot qui marque *privation* ou *négation*, tel que *sans, pas, point,*

EXEMPLES DU PREMIER CAS;

J'ai peu *d'*espoir.
Qu'il est peu de vertus qui résistent sans cesse! (VOLTAIRE.)
Il a beaucoup *d'*ennemis. Elle a infiniment *d'*esprit. Une foule *de* personnes pensent que, etc.
Qu'il a *d'*esprit ! (pour *combien il a d'esprit !*)
Tout genre *d'*excès est nuisible à la santé.

EXEMPLES DU SECOND CAS:

Pas de pain quelquefois, et jamais de repos. (LA FONTAINE.)
Vous ne prenez de lois que de votre caprice. (ROTROU.)
Un homme qui s'aimait, sans avoir de rivaux. (LA FONTAINE.)
J'entre affamé n'a point d'oreilles. (LE MÊME.)

REMARQUE. Le sens indique seul si le mot qui suit DE doit être au singulier ou au pluriel.

---

(1) Soit *sujet*, soit *complément-direct.*

(2) Que de personnes disent : « *Des* habiles gens pensent, etc. ; Fréquentez *des* honnêtes gens ; Il a formé *des* hardis projets ; Voilà *du* beau papier, *du* très beau papier, *du* bon vin, *de la* bonne, *de l'*excellente viande, *des* excellents fruits, *des* bons légumes, etc. etc. etc. » Dans toutes ces phrases, il faut substituer DE à *du*, *de le*, *de la*, *des*. Dites donc : « *D* habiles gens pensent, etc. ; Fréquentez *D'*honnêtes gens ; Il a formé *DE* hardis projets ; Voilà *DE* beau, *DE* très beau papier, etc. etc. etc. »
Si l'on dit : « J'ai mangé *des* petits-pâtés ; Il y a *des* jeunes-gens qui, etc. ; Il a *du* bon sens, etc. ; » c'est que, dans ces phrases, chacun de ces noms et son adjectif forment un sens indivisible, et qu'ils équivalent réellement à un SEUL nom ; c'est comme si l'on disait : « J'ai mangé *des biscuits* ou *des échaudes* ; Il y a *des enfants* qui, etc.; Il a *du jugement*, etc. »
Doit-on dire : « La cause *des* grands événements est souvent inconnue ? » Oui, sans doute ; le sens est, non pas *restreint*, vague, mais *determiné* : « La cause *de tous les grands* événements, etc. »

Dites également dans un sens *déterminé :*

J'ai vu au Muséum les tableaux DES divers peintres qui ont le plus illustré la France et l'Italie.

Et, dans un sens vague, *indéterminé :*

J'ai vu au Muséum les tableaux DE divers peintres.
Un professeur DE belles lettres.

On dirait, dans un sens *déterminé :*

L'étude DES belles lettres orne l'esprit.

On voit déjà que DE annonce un sens *vague.*

Bien mis pour *beaucoup*, est suivi de *du*, *de le*, *de la*, *des*.

Il a bien { *du* talent. / *de l'*esprit. / *des* talents.   (On dit cependant : *Bien* D'*autres*.)

PREMIÈRE REMARQUE. Le nom commun n'est jamais précédé de l'article *le*, *la*, *les*,

1°. Quand il est pris dans un sens *vague*, *indéterminé*.

Un poisson de *mer*. Un livre d'*histoire*. Une table de *marbre*. (1)
On ne doit jamais rendre *service* par *intérét*.

Un bienfait reproché tient toujours lieu d'offense. (RACINE.)
On garde sans remords ce qu'on acquiert sans crime. (CORNEILLE.)

2°. Quand on adresse la parole à un objet animé ou inanimé. (Ce nom est toujours, dans ce cas, à la seconde personne. (2))

Soleil / O Soleil } qui parles à tous les yeux, etc.
Amis, secourez moi.

3°. L'article *le*, *la*, *les* ne s'emploie presque jamais avec les noms propres de divinités, d'hommes, d'animaux ou de lieux particuliers.

Diane était fille de *Jupiter* et sœur d'*Apollon*.
Le trident de Neptune est le sceptre des mers. (LEMIERRE.)
Lyon est très commerçant.

4°. *Le*, *la*, *les*, est sous-entendu, mais il ne s'exprime jamais quand le nom est accompagné de *mon*, *ton*, *son*, *notre*, *votre*, *leur*, *ce*, *nul*, *aucun*, *tel*, *plusieurs*,

---

(1) On sent bien qu'il faudrait dire, dans un sens *déterminé* :

Un poisson de *la* mer du Nord.
Le troisième livre de *l'*histoire de Mézerai.
Une table *du* marbre qu'on tire de la carrière de Carrare, est très précieuse.

(2) J'ai dit, page 24, que tous les noms DONT on parle, marquent une *troisième* personne, comme on peut s'en assurer en y substituant un des pronoms *il* ou *elle*, *ils* ou *elles*.

EXEMPLES :

Dieu (ou il) *fit du repentir la vertu des mortels.* (VOLTAIRE.)
La simplicité (ou elle) *plait sans étude et sans art.* (BOILEAU.)
Mes enfants (ou *ils*) me sont chers.

Mais tout nom *auquel* on parle marque une *seconde* personne. Les Grammairiens appellent ce nom VOCATIF, parce qu'on implore, qu'on *invoque*, en quelque sorte, l'objet auquel on s'adresse. S'il suit un *verbe*, ou un *qui* et un *verbe*, il adopte nécessairement la *seconde* personne.

EXEMPLES :

Rois, soyez *attentifs*, *peuples*, prêtez *l'oreille*. (J. B. ROUSSEAU.)
Dieu qui as fait (ou *qui fis*) du repentir la vertu des mortels, daigne, etc.
Mes enfants, *qui m'êtes si chers*, etc.
Perfide, oses-tu bien te montrer devant moi ? (PHÈDRE.)

On reconnaît qu'un nom est au *vocatif* (ou à la *seconde* personne), quand on peut le faire précéder de *O*. O Rois, etc. O Peuples, etc. O Dieu, etc. O mes enfants, etc. O perfide, etc. (Cet adjectif, *perfide*, est employé ici comme *nom*.)

14

tout mis pour *chaque ;* enfin de *un*, *deux*, *trois*, *quatre*, etc. suivi d'un nom pris dans un sens *vague.*

E X E M P L E S :

Mon livre (c'est-à-dire, *le* livre de moi).

Ce tableau-ci (c'est-à-dire, le tableau que voici).

Dites également :

Il est agréable de réconcilier deux *ennemis*. (1)

Dᴇᴜxɪ̀ᴇᴍᴇ ʀᴇᴍᴀʀϙᴜᴇ. Le nom commun devient quelquefois un véritable adjectif, par la suppression de l'article.

Montre toi *homme* dans cette circonstance (c'est-à-dire, *ferme*, *courageux*).

Mon petit ami, que tu es *enfant !* (c'est-à-dire, que tu es *jeune ! étourdi !*)

Tʀoɪsɪ̀ᴇᴍᴇ ʀᴇᴍᴀʀϙᴜᴇ. On doit répéter l'article *le*, *la*, *les*, ou *un* et *une*, avant chaque adjectif, quand il s'agit d'objets distincts.

E X E M P L E S :

Les bons et *les* mauvais princes ont été également loués pendant leur vie et après leur mort.

(Mᴀssɪʟʟoɴ.)

(On voit qu'il n'est pas question ici des *mêmes* princes, mais qu'il s'agit des *bons* et des *mauvais*.)

On dirait également : {*Un* jeune homme et *un* vieux sympathisent rarement.
{*Mes* grands et *mes* petits appartements.

Il y a une faute dans cette phrase :

Le vertueux et *L'*éloquent Fénélon est l'auteur du *Télémaque*.

Comme il ne s'agit que de *Fénélon*, que d'un *seul* et *même* objet, dites :

Le vertueux et éloquent Fénélon est l'auteur du *Télémaque*.

DU NOM.

Il y a des noms qui, sous le même genre, s'appliquent aux deux sexes ; tels sont : *Artiste*, *auteur*, *borgne*, *compositeur*, *docteur*, *écrivain*, *médecin*, *orateur*, *peintre*,

---

(1) On sent bien qu'il faudrait dire dans un sens *déterminé :*

L'intempérance et *l'oisiveté* sont ʟᴇs deux ennemis les plus dangereux de l'homme.

poète, *soldat*, *témoin* et *vainqueur*. Il est bon cependant d'ajouter à la plupart de ces mots le nom *femme* : *Une femme-médecin.*

Les noms suivants, appliqués aux femmes, ont un féminin : *Abbé*, *bailleur*, *chanoine*, *chasseur*, *défendeur*, *demandeur*, *devin*, *hôte*, *maître*, *pécheur*, *prêtre*, *comte*, *duc*, *prophète*, *suisse* et *tigre* font *abbesse*, *bailleresse*, *chanoinesse*, *chasseresse*, *défenderesse*, *demanderesse*, *devineresse*, *hôtesse*, *maîtresse*, *pécheresse*, *prêtresse*, *comtesse*, *duchesse*, *prophétesse*, *suissesse* et *tigresse.*

Avocat, *bailli*, *citoyen*, *musicien*, *paysan*, *roi*, *lion*, *chien*, *chat*, font *avocate*, *baillive*, *citoyenne*, *musicienne*, *paysanne*, *reine*, *lionne*, *chienne* et *chatte.*

Les noms en EUR qui viennent des verbes font EUSE : *Danseur* (de danser) *danseuse;* *pêcheur* de poisson (de pêcher) *pêcheuse* , etc. etc. *Gouverneur* fait cependant *gouvernante.*

La plupart des noms en TEUR font TRICE : *Acteur*, *actrice ; curateur*, *curatrice ; instituteur*, *institutrice*, etc. etc. etc. *Empereur* fait *impératrice.*

Gens.

Le nom *gens*, qui ne s'emploie aujourd'hui qu'*au pluriel*, est le plus bizarre de notre langue : l'adjectif qui le précède, doit être *au féminin ;* l'adjectif ou pronom qui le suit, doit être *au masculin.*

EXEMPLES DES DEUX CAS:

Les *vieilles* gens sont *soupçonneux ; ils*, etc.

On dit cependant : *Tous* les gens, et même :

$$Tous \text{ les} \begin{cases} \text{jeunes} \\ \text{braves} \\ \text{honnêtes} \end{cases} \text{gens (1).}$$

Mais il faut, dans ce dernier cas, que l'adjectif n'ait qu'une terminaison pour les deux

---

(1)C'est d'après ce principe qu'on doit dire :

VIFS et EMPORTÉS dans leurs désirs, les *jeunes-gens* ne songent qu'à les satisfaire.

genres , comme *jeune*, *aimable*, etc.; car on dirait : *Toutes* ces *bonnes* gens sont joyeux.

Amour, *délice* et *orgue* sont du masculin au singulier, et du féminin au pluriel : Un *fol* amour, de *folles* amours.

Personne. Chose.

Personne, nom commun qui réclame l'article *la* ou *une*, est du féminin : *Une* personne *contente*.

Personne, nom indéfini, c'est-à-dire indéterminé et sans article, est du masculin : *Personne* n'est *content* de vous (1).

Chose, nom commun qui réclame l'article *la* ou *une*, est du féminin : *Une* bonne chose.

Quelque chose, sorte de nom indéfini, est du masculin : Quelque chose de *bon*.

Qui que ce soit. Quoi que ce soit.

Qui que ce soit et *quoi que ce soit*, sortes de noms indéfinis, s'emploient *avec* ou *sans* négation.

Qui que ce soit (*quelque personne*) qui me demande, dites que je suis en affaire.

N'enviez la fortune de qui que ce soit (*de personne*).

Quoi que ce soit (*quelque chose*) qu'il fasse, il y met de l'attention.

Il ne pense à quoi que ce soit (*à rien*).

REMARQUE. On dit *qui que ce fût*, *quoi que ce fût*, quand la correspondance des temps exige l'emploi de l'imparfait.

Qui que ce *fût* qui lui parlât, il se *faisait* un plaisir de répondre.

Quoi que ce *fût* qu'il fît (*quelque chose qu'il fît*), il *était* distrait.

---

(1) *Personne* peut s'employer aussi comme il suit :

Je doute que personne ait mieux écrit que Buffon.

Personne n'a été plus éloquent que Mirabeau.

Tout, *ce*, *rien*, *quoi*, *on*, *autrui*, noms indéfinis du masculin-singulier.

Tout et ce sont des noms indéfinis, quand ils ne sont pas suivis d'un nom. Exemples :

> Il parle de tout et songe à tout.
> Tout *doit dans notre cœur céder à l'équité.* (Crébillon.)
> *Le temps entraîne* tout *dans sa course insensible.* (*Tibulle*, trad. de La Harpe.)
>
> Ce *qu'on ne doit point voir, qu'un récit nous l'expose.* (Boileau.)
> *J'ai fait* ce *que j'ai pu. Vous régnez*, *c'est assez.* (Agrippine.) (1)

Tout et *ce*, suivis d'un nom, sont toujours adjectifs ; exemples :

> *La sensibilité fait* tout *notre génie.* (Métromanie.)
> Tout *ce que je n'ai pas, je le compte pour rien.* (Régnier.)
>
> Ce Dieu, *maître absolu de la terre et des cieux*,
> *N'est point tel que l'erreur le figure à vos yeux.* (Racine.)

---

(1) *Ce*, employé avec *être*, veut la troisième personne du singulier, même avant *nous* et avant *vous*. Dites donc :

$$C'est \begin{cases} \text{nous.} \\ \text{vous.} \end{cases}$$

Dites également :

$$C'était \begin{cases} \text{nous.} \\ \text{vous.} \end{cases} \qquad Ce\,fut \begin{cases} \text{nous.} \\ \text{vous.} \end{cases} \qquad Ce\;sera \begin{cases} \text{nous.} \\ \text{vous.} \end{cases} \qquad Serait\text{-}ce\ nous\ qui\ serions\ coupables\,?$$

Remarque importante. *Ce* a la force plurielle, quand *être* est suivi d'un *nom* ou *pronom pluriel*.

$$Ce\;sont \begin{cases} \text{mes frères.} \\ \text{mes sœurs.} \\ \text{eux ou elles.} \\ \text{mes amis.} \\ \text{les vôtres.} \\ \text{les leurs.} \end{cases} \quad C'étaient \begin{cases} \text{mes amis.} \\ \text{eux.} \\ \text{elles.} \end{cases} \quad Ce\;sont\;ou\;c'étaient \begin{cases} \text{de bonnes gens.} \\ \text{de grands hommes.} \end{cases} \quad Ce\;furent \begin{cases} \text{eux.} \\ \text{elles.} \end{cases}$$

(Ce serait une faute de dire : *C'est* mes frères, *c'est* eux, *c'est* elles, *c'était* eux, *c'était* de bonnes gens.)

Si le *nom pluriel* (ou *eux*, *elles*) était précédé d'une préposition, il faudrait dire : *C'est, c'était, ce fut*, etc.

> E X E M P L E S :
>
> *C'est* D'eux que je me plains.
> Ce *n'est point* AUX *méchants à sentir la nature.* (*Aux* pour *A les.*)
> (Voltaire.)

Deuxième remarque. Il faut toujours employer *ce* avec *être*, au lieu de *il*, *elle*, *ils*, *elles*, quand le verbe *être* doit être suivi d'un nom accompagné ou non accompagné d'un adjectif.

> E X E M P L E S :
>
> J'ai lu Racine et Boileau ; ce sont des poètes d'un grand mérite, *ou* ce sont deux grands poètes (et non pas : *ils* sont).
> J'ai vu Louis XV ; *C'était* un beau prince (et non pas : *il* était un beau prince).
> *La mort n'est rien ; C'est notre dernière heure* (et non pas : *elle* est, etc.)

Quand *être* est suivi d'un adjectif *non-accompagné* d'un nom, *il*, *elle*, *ils*, *elles*, reprennent chacun leurs droits.

> E X E M P L E S :
>
> J'ai lu Racine et Boileau ; *ils sont corrects et élégants.*
> J'ai vu Louis XV ; *il était beau.*

Rien, nom indéfini, employé *sans* négation, signifie *quelque chose;* employé *avec* négation, il signifie *nulle chose.*

EXEMPLES:

Y a-t-il *rien* de plus sacré que le malheur ?
L'exil, les fers, la mort, n'ont rien *dont je frémisse.* (Lemierre.)

Rien s'emploie quelquefois comme un nom commun; exemple :

Il vaut mieux ne rien faire, que de faire *des riens.* (Pline le jeune.)

Quoi, nom indéfini, est tantôt sujet ou complément-direct d'un verbe, tantôt complément d'une préposition.

EXEMPLES:

Quoi de plus beau que la nature dans son aimable simplicité !
Je ne sais *quoi* lui dire. En *quoi* vous ai-je manqué ?
De *quoi* te plains tu ?
Ce à *quoi* je m'applique le plus, c'est aux mathématiques.
Je vais travailler, après *quoi* je me reposerai.

On est ordinairement du masculin-singulier.

EXEMPLE:

On est *content* de votre conduite.

Appliqué à une dame ou à une demoiselle, *on* devient féminin; une mère, par exemple, peut dire à sa fille : « *On* est *belle,* quand on est sage. »

On vaut mieux que *l'on;* il ne faut employer *l'on* que lorsqu'il est appelé par l'oreille.

Au lieu de :	Dites :
Je ne veux pas { *qu'on* corrige cet enfant sans nécessité ; *qu'on* contredise mon frère ;	Je ne veux pas { que *l'on* corrige cet enfant sans nécessité. que *l'on* contredise mon frère.

Préférez *et l'on* à *et on ;* et on *le lui a dit* à et l'on *le lui a dit.*

Autrui, nom indéfini, est ordinairement précédé de *à* ou de *de ;* exemples :

Tâchons d'être utiles (1) *à* autrui.
Le plaisir le plus délicat est de faire celui *d'*autrui. (La Bruyère.)

Remarque. N'employez jamais *son, sa, ses, leur, leurs,* avec *autrui*; servez-vous de EN.

Dites :

Quand on épouse les intérêts d'autrui, on ne doit pas *en* épouser les passions (et non pas : *ses* ou *leurs* passions).

---

(1) *Utiles* se rapporte ici au sujet sous-entendu *nous.*

Lorsqu'on ne peut pas tourner la phrase par *en*, on emploie *des autres* au lieu d'*autrui*, *aux autres* au lieu de *à autrui*.

EXEMPLE :

On remarque souvent les défauts *des autres*, sans faire attention à *leurs* bonnes qualités.

Quelqu'un.

QUELQU'UN est une espèce de nom indéfini du masculin singulier ; exemples :

Quelqu'un m'a dit que, etc. Je connais *quelqu'un* qui est, etc. (Ne dites jamais : *Un* quelqu'un.)

On peut dire aussi au pluriel masculin : « *Quelques-uns* se sont trompés. »
Quand il y a un nom énoncé dans la phrase, on peut employer *quelques-uns* et même *quelques-unes.*

EXEMPLES :

Prêtez moi *quelques-uns* de vos livres. Lisez moi *quelques-unes* de vos fables.

Chacun.

CHACUN, nom indéfini, a un féminin singulier : *Chacune.* (Ne dites jamais : *Un chacun.*)

Dans une phrase plurielle, CHACUN peut être suivi tantôt de *son*, *sa*, *ses*, tantôt de *leur*, *leurs.*

RÈGLE. Chacun est-il placé *après* un verbe sans complément ou *après* le complément (*direct* ou *indirect*) d'un verbe ? employez *son*, *sa*, *ses.* Est-il placé *avant* le complément ? employez *leur*, *leurs.*

EXEMPLES DU PREMIER CAS :

Les juges { ont tous *opiné* (1), } CHACUN suivant SA conscience.
{ ont donné *leur avis*, }

Ils ont tous apporté *des offrandes au temple*, CHACUN selon SES facultés.

EXEMPLES DU SECOND CAS :

Les juges ont donné CHACUN LEUR *avis.*
Quand le général commande, les soldats doivent se rendre CHACUN *à* LEUR *poste.*

---

(1) Il faut dire aussi : *Ils se retirèrent chacun chez SOI* (et non pas : *chacun chez EUX*). Ou bien : *Chacun se retira chez SOI.*

Ne dites pas :	Dites :	Ou bien :
{ Allons nous en chacun chez NOUS ; { Allez vous en chacun chez VOUS ;	Allons nous en } Allez vous en } chacun chez SOI.	Que chacun de nous } Que chacun de vous } s'en aille chez SOI.

DES NOMS PUREMENT ÉTRANGERS.

Les noms étrangers ne prennent point le signe du pluriel. Écrivez donc sans S : Des *alibi*, des *alinea*, des *auto-da-fé*, des *errata*, des *et cœtera*, des *duo*, etc. etc. Écrivez aussi des *si*, des *car*, des *o*.

Les noms suivants peuvent admettre le S, parce que l'usage leur a donné la physionomie française : Des *quiproquo*S, des *opéra*S, des *numéro*S, des *zéro*S, des *impromptu*S.

DES NOMS PROPRES.

Les noms propres (soit qu'il s'agisse de l'individu, soit qu'il s'agisse du talent de l'individu), rejettent le signe du pluriel, le S ou le X (1).

EXEMPLES :

Les *Racine*. Les deux *Corneille*. Les *Rousseau*.
Les *Molière* sont morts pour long-temps.

DES NOMS COMPOSES.

1°. Quand un nom est composé d'un *nom* et d'un *adjectif*, ce nom et cet adjectif prennent tous les deux la marque plurielle.

SINGULIER :	{ Un gentilhomme. { Un arc-boutant. { Un chat-huant.	PLURIEL :	{ Des gentil*s*homme*s*. { Des arc*s*-boutant*s*. { Des chat*s*-huant*s*.

2°. Quand deux noms sont joints par une préposition, le premier nom prend, seul, le signe du pluriel.

SINGULIER :	{ Un arc-*en*-ciel. { Un chef-*d'*œuvre. { Un cul-*de*-sac.	PLURIEL :	{ Des arc*s*-en-ciel. { Des *chefs*-d'œuvre. { Des *culs*-de-sac.

---

(1) Domergue veut *le pluriel* dans tous les sens ; Boinvilliers veut *le singulier*. Wailly veut *le singulier* quand il s'agit de *nommer* purement et simplement les individus, comme dans cette phrase :

Les *Voltaire* et les *Rousseau* sont morts sous Louis XVI (c'est-à-dire, les individus appelés *Voltaire* et *Rousseau*, etc.).

Il veut *le pluriel* quand il s'agit de *caractériser le talent des individus*, comme dans ces phrases :

Les *Voltaire*S et les *Rousseau*X seront toujours rares.
Les *Molière*S sont morts pour long-temps.

(C'est-à-dire, des talents tels que ceux de *Voltaire* et de *Rousseau*, seront, etc. ; des talents tels que ceux de *Molière*, des auteurs comiques tels que *Molière*, etc.)

Mais l'analyse grammaticale de ces phrases *elliptiques* (ou à mots sous-entendus) n'amène point *le pluriel*; il faut donc employer *le singulier* dans l'un et l'autre cas, comme le propose Boinvilliers.

3°. Quand un nom est composé d'un *verbe* (d'une *préposition* ou d'un *adverbe*), et d'un *nom*, le nom prend le signe pluriel, lorsque le sens le demande. (Le verbe reste toujours à la troisième personne du singulier.)

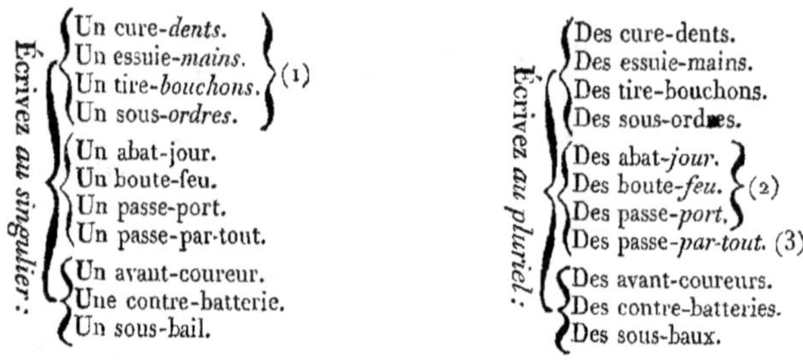

<table>
<tr><td rowspan="4">Écrivez au singulier :</td><td>Un cure-dents.</td><td rowspan="4">(1)</td><td rowspan="4">Écrivez au pluriel :</td><td>Des cure-dents.</td></tr>
<tr><td>Un essuie-mains.</td><td>Des essuie-mains.</td></tr>
<tr><td>Un tire-bouchons.</td><td>Des tire-bouchons.</td></tr>
<tr><td>Un sous-ordres.</td><td>Des sous-ordres.</td></tr>
<tr><td>Un abat-jour.</td><td></td><td>Des abat-jour.</td></tr>
<tr><td>Un boute-feu.</td><td></td><td>Des boute-feu. (2)</td></tr>
<tr><td>Un passe-port.</td><td></td><td>Des passe-port.</td></tr>
<tr><td>Un passe-par-tout.</td><td></td><td>Des passe-par-tout. (3)</td></tr>
<tr><td>Un avant-coureur.</td><td></td><td>Des avant-coureurs.</td></tr>
<tr><td>Une contre-batterie.</td><td></td><td>Des contre-batteries.</td></tr>
<tr><td>Un sous-bail.</td><td></td><td>Des sous-baux.</td></tr>
</table>

DE L'ADJECTIF.

Les adjectifs ci-après relatés ont une signification qui varie, suivant leur position *avant* ou *après* le nom.

1. {Un *brave* homme, c'est-à-dire . . . . . *Un homme de bien.*
   {Un homme *brave*. . . . . *Un homme courageux.*

2. {Une *certaine* chose . . . . *Quelque* chose.
   {Une chose *certaine* . . . . Une chose *sûre.*

3. {Une voix *commune* . . . . Une voix *ordinaire.*
   {D'une *commune* voix . . . . *A l'unanimité.*

4. {Un *galant* homme . . . . Un homme *d'un bon commerce.*
   {Un homme *galant*. . . . . Un homme *qui cherche à plaire aux femmes.*

5. {Un homme *grand*. . . . . Un homme *d'une taille haute.*
   {Un *grand* homme. . . . . Un homme *d'un grand mérite.*

6. {Une *grosse* femme . . . . Une femme *qui a de l'embonpoint.*
   {Une femme *grosse*. . . . . Une femme *enceinte.*

7. {Un taureau *furieux*. . . . . Un taureau *en fureur.*
   {Une *furieuse* tempête . . . . Une tempête *extraordinaire.*

8. {Les *honnêtes* gens. . . . . Les gens *de bien.*
   {Des gens *honnêtes*. . . . . Des gens *polis.*

---

(1) J'écris, même au singulier : *Un* cure-*dents*, *un* tire-*bouchons*, *un* essuie-*mains*, parce que, dans les deux premiers cas, il s'agit d'un instrument propre à curer *les dents* (et non pas *une dent*) ; à tirer *les bouchons* (et non pas *un bouchon*, *un seul bouchon*) ; et que, dans le troisième cas, il s'agit d'un linge propre à essuyer *les mains* (et non pas *une main*).

(2) J'écris, même au pluriel : *Des* abat-*jour*, *des* boute-*feu*, *des* passe-*port*, etc. parce que le sens n'indique pas le pluriel dans les mots *jour*, *feu*, *port*. Ce serait à tort qu'on écrirait : *Des abat-jours.* En effet, un abat-jour est un *auvent*, un toit qui abat *le jour*, c'est-à-dire *la lumière* ; or, *jours*, au pluriel, ne signifie point *la lumière* ; il faut donc écrire : *Des abat-*JOUR , etc. etc.

(3) *Par-tout* est un adverbe ; et l'on sait que l'adverbe, comme la préposition, est toujours invariable, c'est-à-dire, sans genre et sans nombre.

9. {Du bois *mort*. . . . . Du bois *sec*.
   {Du *mort* bois . . . . Du bois *de peu de valeur, des ronces, des épines.*

10. {Une vie *mortelle* . . . . Une vie *sujette à la mort.*
    {Une *mortelle* lieue . . . . Une *grande* lieue.

11. {Un homme *pauvre* . . . . Un homme *indigent, sans bien.*
    {Un *pauvre* homme . . . . Un homme *de peu de mérite.*

12. {Un homme *plaisant*. . . . . Un homme *gai.*
    {Un *plaisant* homme. . . . . Un homme *singulier, bizarre.*

13. {Une femme *sage* . . . . Une femme *vertueuse.*
    {Une *sage*-femme . . . . *Accoucheuse* (mot peu usité).

14. {Un homme *vilain* . . . . Un homme *avare.*
    {Un *vilain* homme . . . . Un homme *bizarre, d'un commerce peu agréable.*

15. {Un homme *vrai* . . . . Un homme *véridique.*
    {Un *vrai* charlatan. . . . . Un charlatan *réel, fieffé.*

Quand il y a comparaison, l'adjectif qui marque la qualité dominante de l'objet, se place toujours le dernier. Il n'y a personne qui n'ait entendu parler de la *sagesse* de Caton, de l'*éloquence* de Cicéron ; on ne dira donc pas :

> Caton était aussi sage qu'*éloquent.*
> Cicéron était aussi éloquent que *vertueux.*

Mais on dira :

> Caton était aussi éloquent que *sage.*
> Cicéron était aussi vertueux qu'*éloquent.*

L'*adjectif* s'emploie souvent comme si c'était un *nom*. (On le laisse ordinairement alors *au masculin.*)

EXEMPLES :

> *Le savant* voit le double de l'*ignorant.* (LA BRUYÈRE.)
> *Laissez dire les sots, le savoir a son prix.* (LA FONTAINE.)
> *Que ne peut la frayeur sur l'esprit des mortels* ! (RACINE.)

L'adjectif (ou participe-passé) reste invariable (ou *au masculin-singulier*), après un verbe impersonnel ou employé impersonnellement, ou quand on parle dans un sens *vague.*

EXEMPLES :

> Il est BON d'être CHARITABLE. (LA FONTAINE.)
> Il vaut mieux prévenir le mal, que d'être RÉDUIT à le punir. (FÉNÉLON.)
> Les mêmes manières qui siéent bien, quand elles sont naturelles, rendent RIDICULE, quand elles sont affectées.

Nu, demi, feu (mort depuis peu).

Nu et *demi*, suivis d'un nom, sont invariables ; exemples : *Nu*-tête, *nu*-pieds, une *demi*-heure, deux *demi*-journées.

Nu est toujours variable après le nom : Tête *nue*, pieds *nus*.

Demi, placé après le nom, en prend seulement le genre ; exemples :

Une heure et *demie*.
Trois jours et *demi*.
Deux heures et *demie*.

On écrit : *Feu* la reine, *feu* ma mère ; et : La *feue* reine, ma *feue* mère. (*Feu* n'a pas de pluriel.)

Des adjectifs numéraux VINGT *et* CENT.

Excepté *un* qui fait *une*, les adjectifs qui marquent le nombre, la quantité, sont, comme on sait, du pluriel des deux genres, et rejettent néanmoins le S pluriel.

De même qu'on dit :

Quatre {hommes; (femmes;   trente {ans; jours;   cinq arbres ; mille individus ; deux mille fantassins, etc.

de même on dit :

Vingt hommes ; vingt jours ; vingt ans ; vingt arbres, etc. etc.
Cent hommes ; cent jours ; cent ans ; cent arbres, etc. etc.

Vingt et *cent*, précédés d'un adjectif numéral, réclament le S.

Quatre-*vingts* { hommes *ou* femmes. / ans. / jours. / arbres.   Deux *cents* hommes *ou* femmes. / Trois *cents* ans. / Cinq *cents* arbres.

Le nom de *personne* ou de *chose* peut être sous-entendu.

Avez-vous soixante ans ? — J'en ai quatre-*vingts*.
Avez-vous deux cents pieds d'arbres dans votre jardin ? — J'en ai trois *cents*.

Vingt et *cent*, suivis d'un adjectif numéral, rejettent toujours le S.

Vingt-et-*un* ans.   Cent *deux* arbres.   Deux / Trois / Quatre } cent *quarante* hommes. (1)

---

(1) Les adjectifs de nombre, *un*, *deux*, *trois*, *quatre*, *cinq*, etc. sont appelés par quelques Grammairiens *adjectifs*-CARDINAUX, c'est-à-dire FORMATEURS, parce qu'ils ont servi à *former* d'autres adjectifs en IÈME, et qui marquent l'ordre, le rang, tels que *deuxième*, *troisième*, *quatrième*, *cinquième*, etc. On voit que ces adjectifs sont dérivés de *deux*, *trois*, *quatre*, etc. Au lieu de *deuxième*, on peut dire *second*; au lieu de *unième*, on dit *premier*. *Unième* s'emploie ainsi : Vingt et *unième*, trente et *unième*, etc.

15..

L'un et *l'autre*.

L'un et *l'autre*, véritables adjectifs, veulent le nom qui les suit *au singulier.*

EXEMPLES:

L'un et l'autre *individu* sont grands. (1)
Ni l'un ni l'autre *cheval* ne sont blancs.

(*Voyez* le chapitre II de la 2e. partie, article V.)

On dirait de deux individus : L'un et l'autre *sont grands;* de deux chevaux : Ni l'un ni l'autre ne *sont blancs.* (*L'un et l'autre* font ici les fonctions de *pronoms.*)

L'un l'autre, *l'un et l'autre*.

L'un l'autre signifie *réciproquement.*
L'un ET *l'autre* signifie *tous les deux.*

EXEMPLES DU PREMIER CAS:

Racine et Boileau s'aimaient *l'un l'autre* (réciproquement). (2)
Il faut s'aider *les uns les autres* (réciproquement).
Rendez vous service *l'un à l'autre, les uns aux autres* (réciproquement).

EXEMPLES DU SECOND CAS :

Racine et Boileau étaient poètes *l'un et l'autre* (tous les deux).
Anette et Julie sont aimables *l'une et l'autre* (toutes les deux).

Tous deux, *tous les deux*.

Tous deux signifie *ensemble, l'un avec l'autre.*
Tous LES *deux* signifie *l'un et l'autre.*

Adam et Ève, dit Milton, marchaient *tous deux*, en se donnant la main (c'est-à-dire, *ensemble*).
Racine et Boileau étaient *tous les deux* poètes (c'est-à-dire, *l'un et l'autre étaient poètes*).

---

(1) *L'un* s'emploie souvent pour *le premier* ; *l'autre*, pour le *second.* Exemple :
César et Pompée avaient des vues bien différentes ; l'un (*le premier*) combattait pour asservir sa patrie, l'autre (*le second*) pour en affermir la liberté.

Celui-ci, celui-là, s'emploient aussi en parlant de deux individus ; *celui-ci* marque toujours l'objet dont on vient de parler ou qui est le plus proche. Exemple :
Démocrite et Héraclite étaient d'un caractère bien opposé ; celui-ci (*Héraclite*) pleurait toujours, celui-là (*Démocrite*) riait sans cesse.

C.-ci (opposé à *cela*) se dit toujours aussi d'un objet proche.

(2) Le vers suivant, où il est question de deux individus qui se louent réciproquement, est vicieux :
Et nous nous encensons tous les mois l'un ET l'autre. (MÉTROMANIE.)

Il faut : *Et nous nous encensons tous les mois* l'un l'autre.

Un de , l'un de.

L'un de ne peut s'employer qu'en parlant *d'un individu dénommé* et *d'un nombre déterminé.*

EXEMPLES :

Calliope est L'UNE des *neuf* Muses.
Molière fut désigné, l'année de sa mort, pour être L'UN des *quarante* de l'académie française.
Lebrun, L'UN des *six* grands dignitaires, a traduit l'*Iliade.*

Un de exprime une idée *vague, qui n'est déterminée qu'à demi.*

Dites : { *Calliope* est UNE des Muses (parce que le nombre des Muses n'est pas déterminé).
{ UNE des *neuf* Muses préside à l'histoire (parce que cette Muse n'est pas nommée).

Dites aussi : { *Lebrun*, UN des grands dignitaires, a traduit l'*Iliade.*
{ UN des *six* grands dignitaires a traduit l'*Iliade.*

REMARQUE. *Nul*, signifiant *d'aucune valeur*, a un pluriel ; exemples : Ces actes sont *nuls ;* ces ventes sont *nulles.*

Les adjectifs *aucun, nul, chaque, quelconque, tout* (signifiant *chaque* ou *quelconque*) rejettent le pluriel. Ecrivez et dites :

Je n'ai NULLE *envie* de, etc.
CHAQUE *âge a ses plaisirs , son esprit et ses mœurs.* (BOILEAU.)

Il y a une faute dans ce vers de La Fontaine :

J'ai vu beaucoup d'hymens , aucuns d'eux ne me tentent.

Il fallait : *Aucun* d'eux ne me *tente.*

De *Quelque....que* et de QUEL *que*, QUELLE *que*. (Ils demandent le mode du subjonctif.)

PREMIÈRE RÈGLE. QUELQUE , *suivi d'un* NOM *et d'un* QUE (1), prend un S au pluriel ; QUELQUE, *suivi d'un* ADJECTIF (*sans nom*) *et d'un* QUE, est invariable (il ne prend pas même de S au pluriel).

EXEMPLES DU PREMIER CAS :

QUELQUES richesses QUE VOUS *ayez*, gardez vous bien d'être fier. QUELQUES talents QUE VOUS *ayez*, etc.

---

(1) On peut dire aussi : *Quelques* grandes richesses QUE VOUS ayez, etc.
Quelque est quelquefois suivi d'un nom et d'un *qui* demandant le subjonctif ; exemple :

Quelques *prix éclatants* qui *me soient proposés,*
Quels *lauriers me plairont de son sang arrosés ?* (RACINE.)

REMARQUE. Quand il s'agit d'exprimer une idée de *nature* , de *qualité* , Domergue veut qu'on emploie *quel....que.*

EXEMPLES :

Quels *prétextes que* vous alléguiez, vous ne vous justifierez pas.
Quelles *offres de services qu'on vous fasse ,* } acceptez les.
Quels *livres qu'on veuille bien vous prêter ,* }

On observe que l'usage ne semble pas encore s'être décidé pour cette règle , qui est d'ailleurs fondée en principes ; en conséquence, dites : *Quelques* prétextes *que* , etc. ; *quelques* offres que , etc.

EXEMPLES DU SECOND CAS :

QUELQUE grandes QUE *soient* vos richesses, gardez vous bien d'être fier. QUELQUE éclatantes QUE *soient* vos actions, etc.

(*Quelque....que* peut toujours se tourner par *quoique* : QUOIQUE *vos richesses soient grandes,* etc. ; QUOIQUE *vos actions soient éclatantes,* etc.)

Ecrivez aussi :

QUELQUE prudemment *que* nous agissions, nous serons toujours blâmés.

DEUXIÈME RÈGLE. QUELQUE , *suivi d'un* VERBE, s'écrit en deux mots, et *quel* est variable.

EXEMPLES :

QUELLE *que* SOIT votre fortune,
QUELS *que* SOIENT vos talents, } gardez vous bien d'être fier.
QUELLES *que* SQIENT vos richesses,

J'ai su, *quinze ans entiers,* QUEL *que* FÛT *son projet,*
Le tenir dans le rang de mon premier sujet. (VOLTAIRE.)
Un trône, QUEL qu'*il* SOIT, *n'est point à dédaigner.* (CRÉBILLON.)

De *Tout....que.* (Il demande le mode de l'indicatif).

Tout est invariable,

1°. Avant un adjectif pluriel masculin. (On peut tourner alors la phrase par *quoique*.)

EXEMPLES :

TOUT beaux et TOUT excellents QUE *sont* ces fruits, je ne les aime point. TOUT éclatantes QUE *sont* vos actions, etc. (C'est-à-dire, *quoique* ces fruits soient beaux et excellents, etc.)

2°. Avant un adjectif féminin , singulier ou pluriel , commençant par une voyelle ou un H muet.

EXEMPLES :

TOUT aimable qu'est cette demoiselle, elle ne me plaît point. TOUT humble qu'elle paraît, etc.
TOUT aimables QUE sont ces demoiselles, elles ne me plaisent point.

DU PRONOM.

Lui, *elle*, *eux*, *elles*, précédés d'une préposition, ne se disent jamais des choses inanimées (1).

Ne dites donc pas :
{ d'un *canif :*   C'est *avec* lui que j'ai taillé ma plume.
{ d'une *lettre :*   *Sans* elle, je n'aurais su quelle marche suivre.
{ de plusieurs *livres :*   C'est *dans* eux que j'ai puisé mon instruction.

Dites : « C'est avec *cet instrument*, ou avec *ce canif*, que, etc. Sans *cette lettre*, etc. C'est dans *ces livres*, que, etc. »

Ne dites pas non plus :
{ d'un *arbre :*   J'étais *sous* lui.
{ d'une *maison :*   J'étais *dans* elle.   Dites :
{ d'une *table :*   J'écris *sur* elle.

{ J'étais *dessous.*
{ J'étais *dedans* ou j'*y* étais.
{ J'écris *dessus.*

Quand il s'agit des choses, il faut substituer,

1°.
{ *Le* }   { *lui ;*
{ *La* } à { *elle ;*
{ *Les* }   { *eux* ou *elles ;*

2°. en à
{ *de lui ;*
{ *d'elle ;*
{ *d'eux*, *d'elles ;*

3°. *y* à
{ *à lui*, *à elle*, *à eux*, etc.
{ *sur lui*, *sur elle*, *sur eux*, etc.
{ *dans lui*, *dans elle*, *dans eux*, etc. (2)

EXEMPLES DU PREMIER CAS:

Est-ce là votre jardin ?
Est-ce là votre maison ? } — Oui, ce L'est (et non pas : C'est *lui* ou c'est *elle*).

Sont-ce là vos livres ?
Sont-ce là vos intentions ? } — Oui, ce LES sont (et non pas : Ce sont *eux*, ce sont *elles*).

EXEMPLES DU SECOND CAS:

La science est si utile, qu'on devrait EN faire plus de cas. (Et non pas : qu'on devrait faire plus de cas *d'elle.*)

L'instruction est un trésor, et le travail EN est la clef. (Et non pas : est la clef *de lui*, du trésor.)

Plus la prospérité multiplie nos plaisirs, plus elle nous EN détrompe. (MASSILLON.) (Pour : plus elle nous détrompe *d'eux*, des plaisirs.)

---

(1) On peut employer *lui*, *elle*, *eux*, etc. précédés d'une préposition, quand les choses sont considérées comme des personnes, en un mot, *personnifiees.*

EXEMPLES:

*L'*Innocence *vaut bien que l'on parle* pour ELLE. (RACINE.)
La Beauté *te sourit*, *il faut chanter* pour ELLE.

Lui (pour *à lui*, *à elle*), *leur* (pour *à eux*, *à elles*), peuvent se dire seulement des animaux et des plantes.

Pour que cet *oiseau* ne s'envole point, il faut *lui* couper les ailes.
Ces *chevaux* ont faim, il faut *leur* donner à manger.
Comme cette *fleur* a besoin d'eau, je vais *lui* en donner.

(2) *Y* signifie aussi *à cela.*

Non, *tu ne mourras point*, *je n'*Y *puis consentir.* (RACINE.)

(C'est-à-dire, je ne puis consentir *à cela*, *à la mort.*)

EXEMPLES DU TROISIÈME CAS :

J'ai souhaité l'empire, et j'y suis parvenu. (Et non pas : *à lui*, à l'empire.)
(CORNEILLE.)

Vous renversez le trône, en voulant y monter. (Et non pas : *sur lui*, sur le trône.)
(RACINE.)

Dans les champs de Cérès campent les bataillons,
Et le boulet sanglant y trace des sillons. (*Y* pour *dans eux*, dans les champs.)
(CASTEL.)

De *Soi.*

On ne se sert ordinairement du pronom *soi*, que lorsqu'on parle dans un sens *vague*, et notamment après un *verbe employé à l'infinitif*, après *chacun*, *on*, *quiconque*, *personne*, *il faut*, etc.

EXEMPLES :

Ne songer qu'à soi, c'est être égoïste.
Chacun *a pour* soi-même *un œil de complaisance.*
On *a souvent besoin d'un plus petit que soi.* (LA FONTAINE.)
Pour pouvoir décider qu'un homme est savant, *il faut* l'être beaucoup *soi-même*. (CICÉRON.)

Hors de là, servez vous de *lui*, *elle*, *eux*.

EXEMPLES :

Si Alexis sait s'occuper, *il* a assez de *lui-même*.

L'homme
Un homme } qui sait s'occuper, a assez de *lui-même*. (LA BRUYÈRE.)
Celui

REMARQUE. Appliqué aux choses, ce pronom ne s'emploie que lorsqu'il est précédé d'une préposition ; encore faut-il que le nom auquel il se rapporte, soit au singulier.

EXEMPLES :

L'*aimant* (pierre ferrugineuse) attire le fer A *soi*.
L'*oisiveté* entraîne APRÈS *soi* tous les vices.

On n'emploie guère *soi* avec rapport à un nom pluriel.

Au lieu de : { *Ces principes* sont solides en *soi ;*
{ *Ces choses* sont indifférentes en *soi ;*

Dites : { Ces principes sont solides en *eux-mêmes.*
{ Ces choses sont indifférentes en *elles-mêmes.* (1)

---

(1) Beaucoup d'auteurs, les poëtes sur-tout, emploient le pronom SOI, soit en parlant d'un objet déterminé ou indéterminé, singulier ou pluriel, soit en parlant des personnes ou des choses. Boinvilliers

Le , la , les.

Les commençants , et même bien d'autres personnes , omettent souvent *le*, *la*, *les*, avec *lui*, *leur*, quand le verbe a deux compléments, l'un *direct*, l'autre *indirect* : c'est une faute grave.

Au lieu de : { Cueillez un œillet pour cette demoiselle, et *offrez lui*;
{ Cueillez une rose pour cet enfant, et *offrez lui*;
{ Cueillez des violettes pour ces demoiselles, et *offrez leur*;

Dites : { Cueillez un œillet pour cette demoiselle, et *offrez* LE *lui*.
{ Cueillez une rose pour cet enfant , et *offrez* LA *lui*.
{ Cueillez des violettes pour ces demoiselles, et *offrez* LES *leur*.

LE *invariable*, signifiant *celà*.

Le, remplaçant un *adjectif*, un *verbe*, ou même une *phrase*, reste *invariable*.

EXEMPLES :

Le plus sage *est celui qui ne pense point* L'*être*. (C'est-à-dire, être *celà*, être *sage*.)
(BOILEAU.)
Les plus sages sont ceux qui ne pensent point L'*être*. (C'est-à-dire, être *celà*, être *sages*, et non pas : LES être.)
Elle n'est pas aussi *instruite* que je L'avais imaginé. (C'est-à-dire, que j'avais imaginé *celà*, *l'instruction* en elle.)
Elles ne sont pas aussi instruites que je L'avais imaginé. (1)
Ma fille , est-ce que tu es *malade* ? — Oui, mon père, je LE suis. (C'est-à-dire, je suis *celà*, *malade*, et non pas : je LA suis.)
Mesdames, êtes-vous *délassées*?— Oui, monsieur, nous LE sommes. (C'est-à-dire, nous sommes *celà*, *délassées*, et non pas : nous LES sommes.)
Il faut *obliger*, autant qu'on LE peut. (C'est-à-dire, qu'on peut *celà*, qu'on peut *obliger*.)
Je vous LE promets, j'irai vous voir. (C'est-à-dire, je vous promets *celà*, *d'aller vous voir*.)
Un d'eux a-t-il raison ? *qui pourrait* LE *penser?* (C'est-à-dire, qui pourrait penser *qu'un d'eux*, etc.)
(BOILEAU.)
Vous n'écrivez que pour écrire,
C'est pour vous un amusement.
Moi, qui vous aime tendrement,
Je n'écris que pour vous LE *dire.* (C'est-à-dire, pour vous dire *celà*, *que je vous*
(PRADON.)   *aime,* etc.)

---

veut qu'on se serve de *soi* dans tous les sens ; je pense qu'il a raison : *lui*, *eux*, présentent trop souvent des équivoques, comme dans les phrases suivantes :

Quand *un précepteur* fait des réprimandes *à son élève* ou quand il le punit , il ne travaille pas pour LUI , mais il travaille pour l'intérêt du jeune homme auquel il se dévoue.

(*Lui* est ici *équivoque* , et l'on sent que l'emploi de SOI est obligatoire.)

Le *professeur* qui enseigne *à mon frère* les mathématiques , lui donne tous les jours chez LUI une leçon de deux heures.

(Cette phrase est équivoque ; est-ce chez le professeur ou chez mon frère que la leçon est donnée? Si c'est *chez le professeur*, il faut , en dépit des règles de nos grammairiens, chez SOI , *et non pas* chez *lui*.)

(1) LE , mis pour *celà*, étant *invariable* , c'est-à-dire n'ayant ni genre ni nombre, le participe-passé doit rester aussi *invariable*. (*Voyez* d'ailleurs la page 67.)

Tout nom, employé sans article, rentre, comme on sait, dans la classe des adjectifs; il s'en suit que les phrases suivantes sont régulières :

Madame, êtes-vous *mère?* — Oui, monsieur, je LE suis *ou* je ne LE suis pas. (Et non pas : je LA suis *ou* je ne LA suis pas.)

Êtes-vous *élèves?* — Oui, nous LE sommes. (Et non pas : nous LES sommes.)

Au lieu qu'il faudrait dire :

Madame, êtes-vous LA mère d'Alexis? — Oui, monsieur, je LA suis. (C'est-à-dire, je suis *elle*, *la mère* d'Alexis.)

Êtes-vous LES élèves de David? — Oui, nous LES sommes. (C'est-à-dire, nous sommes *eux*, *les élèves* de David.)

DES PRONOMS-ADJECTIFS-POSSESSIFS.

Ne joignez jamais *son*, *sa*, *ses*, *leur*, *leurs*, avec rapport aux choses, au *sujet* d'un *second* membre de phrase, ni au *complément-direct* d'un *second* verbe; servez vous alors de EN.

Au lieu de : Les sciences ont des racines amères; mais *leurs* fruits sont doux;
Dites : Les sciences ont des racines amères ; mais les fruits EN sont doux. (ARISTOTE.)

Au lieu de : J'ai vu Nanci, et j'ai admiré *ses* bâtiments symétriques;
Dites : J'ai vu Nanci, et j'EN ai admiré les bâtiments symétriques.

(1)

EXCEPTION. Précédés d'une préposition *à*, *de*, *pour*, *sans*, etc. *son*, *sa*, *ses*, *leur*, *leurs*, se disent des *choses*.

EXEMPLE :

J'ai vu Nanci, et j'ai admiré la symétrie DE ses bâtiments et la beauté DE ses places.

PREMIÈRE REMARQUE. On peut se servir de *son*, *sa*, *ses*, etc. avec rapport aux choses, quand l'objet est *personnifié*, c'est-à dire, considéré comme une personne.

EXEMPLE :

Pour l'Innocence même il faut demander grâce.
SA défense a besoin d'une touchante voix,
Et SES pleurs bien souvent sont plus forts que SES droits. (MARMONTEL.)

DEUXIÈME REMARQUE. Au lieu de *nos*, *vos*, *leurs*, on peut employer *notre*, *votre*, *leur*, même avec rapport à une phrase *plurielle*, quand le nom qui suit le pronom-adjectif-possessif, ne saurait s'employer *au pluriel.*

EXEMPLES :

Pourquoi rougissez vous, mes amis, de VOTRE pauvreté? (Et non pas : de *vos pauvretés.*)
Philémon et Baucis, simples et vertueux,
Ne trouvaient de bonheur que dans LEUR innocence. (Et non pas : dans *leurs innocences.*)
(LA FONTAINE.)

---

(1) On dirait également : *J'ai planté cet arbre, et j'en ai goûté les fruits* (et non pas : *J'ai goûté SES fruits*); on dirait de l'arbre : *Les fruits en sont excellents*; on dirait enfin d'une affaire, d'un événement : *Vous n'en prévoyez pas les suites.*

DU *QUI* RELATIF.

Je l'ai déjà dit, et je ne saurais trop le répéter, le *qui* relatif, qui est des deux genres et des deux nombres, n'a point de personne par lui-même; il adopte celle du mot auquel il se rapporte.

Dites :   C'est
{ *moi qui suis* } fautif *ou* fautive.
{ *toi qui es* }
{ *lui qui est* fautif.
{ *elle qui est* fautive.
{ *nous qui sommes* } fautifs *ou* fautives.
{ *vous qui êtes* }
Ce sont *eux qui sont* fautifs.
Ce sout *elles qui sont* fautives.

REMARQUE. On sent bien qu'il faudrait toujours dire :

Ce sont *eux et moi qui sommes* fautifs.
C'est *vous et eux qui êtes* fautifs.

(Le *qui* et le *verbe* s'accordent toujours avec le pronom qui a priorité, c'est-à-dire, supériorité de rang dans la phrase.) *Voyez* la page 49.

Dites également avec Manlius Capitolinus :

C'est moi qui *par ce coup* préparai *sa victoire* (de Camille),
La mienne est à moi *seul* qui, *seul*, ai combattu.

Et :
{ La tienne est à *toi* seul *qui*, seul, *as combattu.*
{ La sienne est à *lui* seul *qui*, seul , *a combattu.*
{ La nôtre est à *nous* seuls *qui*, seuls, *avons combattu.*
{ La vôtre est à *vous* seuls *qui*, seuls, *avez combattu.*
{ La leur est à *eux* seuls *qui*, seuls, *ont combattu.*

Il y a une faute dans chacune des phrases suivantes :

Ne sommes-nous pas les mêmes *hommes* QUI AVONS tout sacrifié au maintien des plus justes intérêts ?
Vous parlez en *hommes* QUI SAVEZ *votre* langue.

L'un et l'autre *qui* se rapportent évidemment à l'antécédent *hommes;* or, tout nom de personne ou de chose *dont* on parle, marque non pas une *première* ni une *seconde*, mais une TROISIÈME personne ; dans ces deux phrases, le nom *hommes* est au pluriel ; les deux *qui* et les deux *verbes* doivent donc adopter aussi la *troisième* personne plurielle, et il faut dire : *qui ont* tout sacrifié, etc. *qui savent leur* langue.

On doit dire également :

Nous étions deux *juges qui étaient* du même avis (et non pas : *qui étions*). (1)

Il faut dire :

Cicéron fut un de *ceux qui furent* sacrifiés à la vengeance des triumvirs.

(Dans cette phrase, et dans toute autre semblable, le *qui* et le *verbe* ne doivent jamais se rapporter à *un.*)

Il y a une faute dans cette phrase de Delille (Préface de *l'Homme des champs*) :

Un des *hommes* de France *qui* A le plus d'esprit…a dit, etc. (Il fallait : Un des hommes de France,
qui ont , etc.)

____

(1) Il faudrait dire cependant : *Nous étions deux* QUI ÉTIONS *du même avis.* Pourquoi ? parce que *deux* est un adjectif, qui, n'ayant point de personne par lui-même, doit s'accorder avec son *sujet* NOUS ; il faut donc dire : *Nous* deux *qui étions*, etc., comme on dirait : *Nous* seuls *qui étions.*

16..

Qui, précédé d'une préposition, ne peut se dire des choses : on se sert alors de *lequel, laquelle, duquel, auquel*, etc. (1).

EXEMPLES :

Dites :
{ L'ouvrage *auquel* je donne mes soins (et non pas : *à* qui).
{ Le jardin DANS *lequel* nous nous sommes promenés (et non pas : *dans* qui).
{ La fermeté AVEC *laquelle* il a répondu, etc. (et non pas : *avec* qui).
{ Le cheval SUR *lequel* j'étais monté, etc. (et non pas : *sur* qui).

L'amour de l'étude est un préservatif contre une foule de déréglements *auxquels* (et non pas *à qui*) la plupart des hommes sont sujets. (NICOLE.)

Dont (pour *de qui*), même en parlant des choses, vaut mieux, est plus usité que *duquel, de laquelle, desquels*, etc.

EXEMPLES :

Le canif *dont* je me sers (ou *duquel*).
Les choses *dont* j'ai besoin (ou *desquelles*).

Quand l'antécédent ne précède pas immédiatement *dont*, et qu'il peut y avoir équivoque, il faut employer *duquel, de laquelle, desquels*, etc. qui supposent ordinairement un antécédent un peu éloigné.

EXEMPLE :

La *bonté* de Dieu, *de laquelle* on ne peut douter, s'étend sur toute la nature.

(*Dont* serait équivoque ici ; il semblerait se rapporter à l'antécédent *Dieu*.)

Il est à remarquer que *lequel, laquelle, lesquels*, etc. ne s'emploient ni en *sujet* ni en *complément-direct*, à moins que la clarté du sens ne l'exige, comme dans ces phrases :

La *fièvre* qu'a eue ma sœur, *laquelle* a été très violente, l'a néanmoins soulagée.

(*Qui* serait ici équivoque, en ce qu'il semblerait se rapporter au nom *sœur*.) (2)

J'ai lu le *poème* de Thompson, *lequel* m'a paru être le vrai tableau de la nature dans les quatre saisons de l'année.

(Dans cette phrase, *qui* serait équivoque ; il semblerait se rapporter à l'*auteur* du poème, à *Thompson*.)

Le *qui* interrogatif se dit des personnes.

EXEMPLE :

Qui *ne sait compâtir aux maux qu'il a soufferts !* (C'est-à-dire, *quel est celui qui ne sait*, etc.)
(VOLTAIRE.)

---

(1) Les poètes se servent souvent de *qui* précédé d'une préposition ;

EXEMPLE :

L'or fut l'unique objet POUR *qui vous soupirâtes.* (FERNAND-CORTEZ.)

(En prose on dirait : L'objet *pour lequel*.)

(2) On pourrait dire aussi, en employant la conjonction *et* : *La fièvre qu'a eue ma sœur*, ET *qui a été très violente*, *l'a néanmoins soulagée*. (Ce *et* fait disparaître l'équivoque.)

Quand il s'agit des choses, il faut se servir de *quel, quelle, quels.*
Dites :

> *Quels* sont les royaumes du Nord ? (Et non pas : *Qui sont,* etc.

Qui, avec rapport aux personnes, est quelquefois *complément-direct ;* exemple :

> *D'où vient ce changement ?* qui *dois-je en accuser?* (C'est-à-dire , *quel est celui que* je dois en accuser ?)
> (RACINE.)

DU PRONOM *OÙ.* (*Il prend l'accent grave.*)

Où s'emploie élégamment , tantôt pour *dans lequel, dans laquelle,* etc. tantôt pour *sur lequel, sur laquelle,* etc. (1).

EXEMPLES :

> { *Le moment où* (dans lequel) *je parle, est déjà loin de moi.* (PERSE , trad. de *Boileau.*)
> { *Cette grotte où* (dans laquelle) *je pense, est un Louvre* (2) *pour moi.* (BERNIS.)
> { *Que deviendront ces biens où* (sur lesquels) *votre orgueil se fonde.* (J. B. ROUSSEAU.)

D'où s'emploie très bien pour *duquel, de laquelle, desquels,* etc.; *par où,* pour *par lequel, par laquelle,* etc.

EXEMPLES :

> Coriolan assiegea la ville de Rome d'où (*de laquelle*) il avait été banni.
> *Je sais tous les chemins par où* (par lesquels) *je dois passer.* (MITHRIDATE.)

REMARQUE. N'employez guère *où* pour *auquel, à laquelle, auxquels,* etc. à moins qu'il n'y ait une sorte de mouvement. Vous direz bien :

> Vous voyez le danger *où* vous conduit votre imprudence.

Et même :

> Honorons la vieillesse, puisque c'est le but *où* nous tendons tous. (BIAS.)

Mais n'imitez pas Racine, lorsqu'il fait dire à Assuérus :

> *Je romps le joug funeste où les Juifs sont soumis.*

Il n'y a aucune espèce de mouvement dans : *Les Juifs sont soumis au joug ;* dites donc, sur-tout *en prose* (car la poésie a ses licences) :

> Je romps le joug funeste *auquel* les Juifs sont soumis.

---

(1) *Où* signifie aussi *dans l'endroit où ;* exemple :

> *Rome n'est plus dans Rome, elle est toute où je suis.* (CORNEILLE.)

(2) Le *Louvre*, palais du Gouvernement, à Paris.

DU SUJET DE LA PHRASE.

Le sujet, comme on sait, est ordinairement un nom.

EXEMPLE:

LA SAGESSE *est* la santé de l'âme. (SOCRATE.)

Quelquefois c'est un verbe employé à l'infinitif-présent.

EXEMPLES:

SE PLAIRE *en tous les lieux*, est *le secret du sage*. (BLIN DE SAINMORE.) ⎱
SAVOIR par cœur, *n'est* pas savoir. (MONTAGNE.) ⎰ (1)

REMARQUE. Après plusieurs infinitifs, il faut donner un *sujet vague*, tel que *ce*, *tel*, *telle*, *voilà*, etc. au verbe *être*. Dites donc avec Delille, en parlant des malheureux :

Naître, souffrir, mourir, C'est *toute leur histoire*. (Et non pas : EST toute, etc. ni SONT toute, etc.)

Lire et écrire, ⎧ CE SONT ⎱ mes occupations (et non pas : Lire et écrire *est* ou *sont* mes occupations).
⎨ TELLES SONT ⎰
⎩ VOILA
Voilà mon occupation (et non pas : *est* mon occupation).

DU VERBE.

De l'emploi de quelques temps.

Il ne faut pas employer le *passé-défini* pour le *passé-indéfini*.

Le passé-défini désigne une période de temps dont il ne reste plus rien, un temps éloigné au moins d'un jour de celui où l'on parle.

Ne dites pas : Il *tonna* ce matin, cette semaine, ce mois-ci, cette année, etc. parce que *ce matin* fait partie du jour où l'on est encore, que la semaine, le mois, etc. ne sont pas entièrement écoulés.

Dites, en employant le passé-indéfini : Il *a tonné* ce matin, cette semaine, etc.

Vous direz très bien : Il *tonna* hier, la semaine passée, le mois dernier, etc.

Le présent de l'indicatif s'emploie quelquefois pour le futur : Je *pars* demain pour Lyon, c'est-à-dire, je *partirai*.

L'impératif, qui n'a point de pronom-sujet, marque le *présent* par rapport à l'action de commander, comme, SORTEZ; il marque le *futur* par rapport à la chose commandée, comme, NE SORTEZ PLUS, c'est-à-dire, *vous ne sortirez plus*.

---

(1) On peut dire aussi : C'*est le secret du sage*; CE *n'est pas savoir*.

Il est bon de faire remarquer que le singulier de l'impératif marque toujours une *seconde* personne, parce qu'on ne se commande pas à soi-même.

EXEMPLES:

Alexis, je t'en conjure, *parle* (1), *réponds.*
. . . . *O terre, entr'ouvre-toi,*
Et vous qui m'entendez, ô cieux, écrasez moi ! (GUYMOND DE LA TOUCHE.)

Dans un récit, et pour animer le discours, on emploie souvent le *présent de l'indi-catif*, quoiqu'il s'agisse même d'une chose passée ; mais il faut que tous les verbes qui suivent ce premier verbe employé *au présent*, soient aussi *au présent.*

EXEMPLES:

J'ai vu, Seigneur, j'ai vu votre malheureux fils
Traîné par les chevaux que sa main a nourris.
Il veut les rappeler, et sa voix les effraie ;
Ils courent : tout son corps n'est bientôt qu'une plaie. (RACINE.)

(Au lieu de : Il *a voulu....* sa voix les *a effrayés....* ils *ont couru....* son corps n'*a été* bientôt, etc.)

DE L'ADVERBE ET DE LA PRÉPOSITION.

La différence qui règne entre l'adverbe et la préposition est frappante : l'adverbe n'a pas de *complément* et forme *seul* un sens, comme *franchement, beaucoup, peu, moins,* etc. qui signifient *avec franchise, en grande quantité, en petite quantité, en moindre quantité ;* la préposition, au contraire, appelle un *complément,* sans lequel le sens ne serait pas achevé, comme *dans* LA VILLE, *sur* LA TABLE, *sous* LA CHAISE, *avant* LE JOUR.

———

Dedans, dehors, dessus, dessous, auparavant, sont *adverbes,* et l'on ne peut pas dire dès-lors : Dedans *la ville,* dessus *la table,* dessous *la chaise* (2), auparavant *le jour.*

(Ne dites jamais : *Auparavant* DE, *auparavant* QUE ; dites : *Avant de, avant que.*)

———

Tout, signifiant *entièrement,* est *adverbe ;* exemples :

L'eau de ce ruisseau coule *tout* doucement.
Je parlerai *tout* haut, *tout* comme vous voudrez.
Vos amis m'ont paru *tout* tristes et *tout* abattus. (3)
Elle est *tout* autre.

---

(1) On sait que le singulier de l'impératif des verbes de la première conjugaison ne prend point de *S,* quoiqu'il marque une seconde personne.

(2) Précédés d'une préposition, ces quatre adverbes redeviennent eux-mêmes *prépositions,* et l'on peut dire : *Par* dessus *les remparts, par* dehors *la ville.*

Dedans et *dehors, dessus* et *dessous,* réunis par une conjonction, peuvent prendre un complément : *Mon mouchoir est dessus* ou *dessous* la chaise. *Il n'est ni dessus ni dessous* la table.

(3) *Tout,* marquant *totalité,* est un adjectif ; exemple : *Vos amis m'ont paru* tous *tristes et* tous *abattus.* C'est-à-dire, TOUS VOS amis, etc.

Ne confondez pas la préposition *autour de*, avec l'adverbe *alentour*.
Ne dites pas : Alentour *de la maison ;* dites : *Autour de* la maison.
Alentour s'emploie ainsi :

> Vos enfants jouent dans la maison ou *alentour*.

Plus peut être suivi d'un *de* ou d'un *que ; davantage* étant adverbe, ne peut être suivi dès-lors d'aucun mot complémentaire.
Dites :

> Il a *plus* d'esprit *que* de bon sens (et non pas : *davantage* d'esprit, *que* de bon sens).
> Il se fie *plus* à vous *qu'*à moi (et non pas : *davantage* à vous *qu'*à moi).

Davantage s'emploie ordinairement ainsi :

> Julie est aimable, mais Anette l'est bien *davantage*.

A travers, préposition, prend *le*, *la*, *les ; au travers* prend *de* : *A* travers *le* visage ; *au* travers *du* visage.

> A *travers* les *périls, un grand cœur se fait jour.*
> Au *travers* des *périls, un grand cœur se fait jour.*

En et *Dans*.

En marque un sens vague :

> Ma fille est *en* pension. (1)

Dans marque un sens précis, déterminé :

> Ma fille est *dans* la pension de madame X***.

On dit : *J'irai* en *trois jours à Lyon* (c'est-à-dire, *je serai trois jours en route*).
Et : *J'irai* dans *trois jours à Lyon* (c'est-à-dire, *je me mettrai en route pour Lyon dans, après trois jours*).
On dit : *Il est* en *prison* (c'est-à-dire, *il est emprisonné*).
Et : *Il est* à *la prison* (c'est-à-dire, *il est momentanément à la prison*).

(*Il est* DANS *la prison, peut s'entendre ou du prisonnier, ou de celui qui le visite, qui va le voir.*)

---

(1) *En* rejette l'article *le*, *la*, *les*, excepté dans ces deux locutions : *En* l'honneur de..... *En* l'absence de.... etc.

Il est inutile de faire observer que *en*, précédant un nom complémentaire, est préposition, et que *en*, pouvant se tourner par *de cela*, est un *pronom invariable*.

En n'est qu'un mot *explétif*, c'est-à-dire de *remplissage* dans : Il s'*en* est allé ; il m'*en* veut ; où *en* sommes-nous ? il *en* est de même de.... on *en* vint aux mains ; il *en* impose, c'est-à-dire, *il trompe*. (*Imposer*, employé seul, signifie *commander le respect, l'attention*.)

Parmi et *entre.*

Parmi veut un *pluriel* ou un *nom collectif : Parmi* NOUS, *parmi* LES HOMMES, *parmi* LE PEUPLE, etc.

On ne peut cependant pas dire : Parmi nous *deux*, parmi nous *trois*, parce que le nombre n'est pas assez considérable ; dites : *Entre* nous deux, *entre* nous trois.

Durant marque une durée plus longue que *pendant.*

J'ai souffert *durant* tout l'été.
J'ai souffert *pendant* une partie de l'été.

(Ne dites jamais : Durant *que ;* dites *pendant que.*)

Près et *auprès* prennent DE ; mais ils n'ont pas le même sens.
Près de marque la proximité : Il demeure *près des* Tuileries.
Auprès de marque *fréquentation, assiduité ;* exemples :

Je suis heureux *auprès de* vous.
Cet enfant resta trois jours et trois nuits *auprès du* lit de son père.

REMARQUE. *Près de* signifie aussi *sur le point de ;* exemples :

Cette maison est *près de* tomber.
Ce tableau est fini ou *près de* l'être.

(PRÊT *de*, qu'emploient une foule d'auteurs, et qu'on voit dans presque tous les livres, *n'est pas français.*)
Prêt à est français ; mais il ne peut s'employer que dans le sens de *disposé à ;* exemples :

Je suis *prêt à* vous obéir.
Il est *prêt à* tout.
Si vous voulez la paix, soyez prêt à *la guerre.*

On ne pourait pas dire : *Ce tableau est fini ou* prêt à *l'être*, parce qu'une chose inanimée ne peut être *disposée à*, etc. Ne dites pas avec Delille : *Le reste d'une famille* prête à *s'éteindre.* Il faut : *près de*, etc. *On n'est pas* disposé *à mourir.*

Hors et *hors de* n'ont pas le même sens.
Hors, signifiant *excepté*, veut un complément-direct ; exemple :

Je ratifie tout, *hors* cette clause.

Dites : Il est *hors de* la ville, *hors d'*alarmes, *hors de* danger, etc.

. . . . *Le cœur d'Émilie est* hors de *mon pouvoir.* (CORNEILLE.)

Excepté et *supposé*, placés avant un nom ou un pronom, sont toujours *prépositions.*

Tout était dieu à Rome, *excepté* Dieu lui-même. (BOSSUET.)
Supposé (en supposant) la vérité du fait, je vous récompenserai.

Excepté et *supposé*, placés *après* le nom, sont de véritables *adjectifs*.

Dieu *excepté*,
Les dieux *exceptés*, } nul être n'est parfait.

La vérité du fait *supposée*, je vous récompenserai.

Même est *adverbe*, quand on peut le tourner par *et même* ou *aussi*.

Les talents, les vertus *même*, n'ont aucun accès auprès de lui. (*Et même* les vertus, etc.)
Sully était estimé, *même* de ses ennemis. (*Aussi* de ses ennemis.)

Il y a une faute dans le premier de ces vers de Racine :

*Jusqu'ici la fortune et la victoire même*S
Cachaient mes cheveux blancs sous trente diadèmes.

(On peut dire : La victoire *et même* la fortune, etc. ; il ne faut donc pas de S à *même*.)

Même est *adjectif* quand on peut le tourner par *lui-même*, *elle-même*, *eux-mêmes*, etc.)

Les animaux *mêmes* sont sensibles aux bienfaits qu'ils reçoivent de nous. (C'est-à-dire, les animaux *eux-mêmes*, etc.)
On est souvent trahi par ceux *mêmes* qu'on a obligés.
Les coutumes ne sont pas les *mêmes* dans tous les pays.

Le plus, *le moins* (adverbes).

On emploie *le plus*, *la plus*, *les plus*, *le moins*, *la moins*, *les moins*, seulement quand il y a comparaison.

EXEMPLES :

Cette femme ne pleurait pas, quoiqu'elle fût *la* plus affligée (c'est-à-dire, *comparativement aux autres*).
Ces deux dames étaient *les* plus élégamment vêtues (c'est-à-dire, *en comparaison des autres*).
Les eaux *les* moins rapides sont *les* moins saines (c'est-à-dire, *les eaux moins rapides que les autres*).

On met toujours LE avant *plus* et avant *moins*, quand il n'y a pas de comparaison.

EXEMPLES :

Cette femme ne pleure pas, lors même qu'elle est *le* plus affligée. (C'est-à-dire, quand elle est affligée *dans le dernier degré*.)
Ces deux dames sont mal parées, lors même qu'elles sont *le* plus élégamment vêtues. (C'est-à-dire, quand elles sont vêtues *dans le plus haut degré d'élégance*.)
Baignez vous dans l'endroit où les eaux sont *le* moins rapides. (C'est-à-dire, dans l'endroit où les eaux *ont le moindre degré de rapidité*.)

Dites également :

Dans une bataille, ceux qui craignent *le* plus les dieux, sont ceux qui craignent *le* moins les hommes.
(XÉNOPHON.)
Voilà les deux ouvrages que j'aime *le plus*.

(On voit que *le plus*, invariable, peut toujours se tourner par : *au dernier degré*, *au dernier point*.)

Des prépositions A *ou* DE.

Certains verbes sont suivis de *à* ou *de*.

Les suivants prennent A.	*Les suivants prennent* DE.
Accoutumer, s'accoutumer, être accoutumé	Avoir coutume, avoir accoutumé
Aimer	Conseiller
Chercher	Continuer
Déterminer	Commencer
Engager	Différer
Exhorter	Espérer (1)
Inviter	Manquer (*être privé de*)
Habituer	Médire
Hésiter	Prier (2)
Manquer (*ne pas songer*)	Promettre
Réussir	Résoudre (*il est résolu*)
Tarder	Tarder (*pris impers.*), il me tarde
S'efforcer (*faire un effort*)	S'efforcer (*tâcher*)
S'occuper (*travailler*)	S'empêcher
Se plaire	Se lasser
Se résoudre	Se presser
	S'empresser

A, etc. — DE, etc.

Forcer, *obliger*, *contraindre*, employés *activement* ou *passivement*, prennent plutôt *à* que *de*; exemples : *Je l'ai forcé* à, etc. *Il a été forcé* à, etc.

On dit :

Satisfaire *à*
{ son devoir, à ses obligations (*les remplir*).
un paiement (*l'effectuer*).
une objection (*y répondre*).
une demande (*l'accorder*). }

Et :

Satisfaire
{ ses goûts, ses maîtres (*les contenter*).
ses créanciers (*les payer*). }

Réfléchissez *à* ou *sur* ce que je vous ai dit.　Ce mur réfléchit (*renvoie*) la lumière.

L'infinitif-présent-*actif*, précédé de A, répond et équivaut à l'infinitif-présent-*passif*.

EXEMPLES :

Ce bois est bon *à couper* (c'est-à-dire *à être coupé*).
Cette plaie est facile *à guérir* (c'est-à-dire, *à être guérie*, *peut être facilement guérie*).

On ne pourrait pas dire :

Ce mal est facile *à remédier* ;
Ces gens sont difficiles *à vivre* ;

parce que *remédier* et *vivre* étant des *verbes-neutres*, ne peuvent se tourner en *passif*. Il faudrait dire alors :

Il est facile de remédier à ce mal.
Il est difficile de vivre avec ces gens-là.

---

(1) *Espérer* peut être aussi suivi d'un *infinitif-présent* : J'espère *aller*, etc. *Commencer* est quelquefois aussi suivi de A.

(2) Excepté dans :　　Prier quelqu'un à { déjeûner. / dîner. / souper. }

17..

DE QUELQUES CONJONCTIONS.

Quand deux sujets sont joints par *comme*, *de même que* et *aussi bien que*, le verbe ne s'accorde qu'avec le premier nom.

EXEMPLES:

Le riche, { *comme* / *de même que* / *aussi bien que* } le pauvre, *est sujet* à la mort.

Ainsi que équivaut à ET, et veut le pluriel :

Le riche ainsi que le pauvre *sont sujets* à la mort.

Cependant, quand *ainsi que* commence la phrase, le verbe reste au singulier ; exemples :

Ainsi que le pauvre, le riche *est sujet* à la mort.
Ainsi que *la vertu, le crime a ses degrés.* (RACINE.)

Des négations *ne*, *ne pas*, *ne point* (c'est-à-dire, servant *à nier*).

Ne s'emploie seul,

1º. Avec *nul*, *autrui*, *pas un*, *personne* (nom indéterminé), *guère*, *plus* (plus du tout), *rien*, *jamais ;* et avec *goutte* et *mot* pris adverbialement.

EXEMPLES:

Nul / *Aucun* { homme } N'est parfait.   Je N'ai *plus* d'espoir.
Personne

Un ennemi est un précepteur qui NE nous coûte *rien*. (PLUTARQUE.)

Tel fait métier de conseiller autrui,
Qui NE *voit* goutte *en ses propres affaires.* (LA FONTAINE.)

Le bruit est pour le fat, la plainte est pour le sot :
L'honnête homme trompé s'éloigne et NE *dit* mot. (LA NOUE.)

2º. Avec NI *répété :*

EXEMPLES:

Ni *l'or* ni *la grandeur* NE *nous rendent heureux.* (LA FONTAINE.)
Les rois sont trop grands pour N'être *ni* flattés *ni* haïs. (THOMAS.)
Je NE redoute *ni* les chaleurs brûlantes de l'été, *ni* le froid rigoureux de l'hiver. (1)

---

(1) On peut dire aussi : *Je* ne *redoute* point *les chaleurs brûlantes de l'été*, ni *le froid rigoureux de l'hiver ;* mais il faut, dans ce cas, que la phrase ait une certaine longueur, et il est toujours plus simple et plus sûr de répéter NI : *Je* ne *crains* NI *le froid* NI *le chaud.*

3°. Avec *que*, mis pour *seulement* (1), *pourquoi* ou *plût à Dieu que*.

E X E M P L E S :

L'espérance n'est *que* le songe d'un homme éveillé. (C'est-à-dire, est *seulement* le songe, etc.)
(Aristote.)
Que ne me disiez-vous la chose ? (C'est-à-dire, *pourquoi* ne me disiez-vous pas la chose ?)
Que ne puis-je vous être utile ! (C'est-à-dire, *plût à Dieu* que je pusse vous être utile !)

4°. Avec *plaire* et *déplaire*, dans ces sortes de phrases :

A Dieu
Aux dieux } NE plaise que *j'occupe jamais la place d'un homme vivant*, disait le chancelier d'Aguesseau, qu'on pressait d'accepter une charge dont le titulaire existait encore ! (C'est-à-dire, *je souhaite qu'il ne plaise pas à Dieu que*, etc.)

J'ai réussi, NE vous en déplaise. (C'est-à-dire, *je désire que cela ne vous déplaise pas.*)

5°. Avec *moins*, *plus*, *mieux*, *pis*, *meilleur*, *moindre*, *pire*, *autre*, suivis d'un des temps de l'indicatif (2).

E X E M P L E S :

La terre a moins de rois que le ciel n'a de dieux. (Racine.)
Les richesses sont souvent *plus* funestes, que la pauvreté n'est incommode.
On se voit d'un autre œil qu'on NE voit son prochain. (La Fontaine.)

6°. Après le *que* qui suit *empêcher*, *prendre garde*, *craindre*, *avoir peur*, et après les conjonctions *de peur que*, *de crainte que*, *à moins que*.

Je crains
J'appréhende
J'ai peur } que cet enfant NE tombe.
Je prends garde
J'empêche

Ce *que* veut le subjonctif, parce que les verbes marquent une espèce de doute.

Je le *suivais*, { DE PEUR / DE CRAINTE } qu'il NE s'égarât.

---

(1) *Ne.... que* présente différents sens :
Je n'ai que *faire ici*, signifie : *Je n'ai rien à faire ici.*
Je n'ai que *faire de lui*, signifie : *Je n'ai pas besoin de lui.*
Il ne fait que de *partir*, signifie : *Il vient de partir.*
Il ne fait que *jouer*, signifie : *Il joue sans cesse.*
Il y a long-temps que j'ai acheté cette maison, signifie : *J'ai acheté cette maison depuis long-temps.*
Il y a long-temps que je n'ai reçu de ses nouvelles, signifie : *Je n'ai pas reçu de ses nouvelles depuis long-temps.*
(2) L'emploi de ce *ne*, que l'usage autorise dans les paragraphes 5 et 6, est contraire à la raison ; on devrait dire :
La terre a moins de rois que le ciel a de dieux.
Les richesses sont souvent plus funestes, que la pauvreté est incommode.
On se voit d'un autre œil { qu'on / que l'on } voit son prochain.
Je craignais que cet enfant tombât.
Voltaire a bien dit :
Quel mortel fut jamais plus heureux que vous l'êtes ! (et non pas : *que vous ne l'êtes.*)
Nota. J'ai oublié de dire que *ne* s'emploie aussi seul dans ces sortes de phrases : *Il y a long-temps que*, *depuis que*, suivies d'un *passé*. Exemples : *Il y a long-temps que je n'y ai été* ; *Depuis que je ne vous avais parlé.* Mais cette règle n'a lieu que pour le passé ; on dirait au présent : *Il y a long-temps que je n'y vais* POINT ; *Depuis que je ne lui parle* POINT, etc.

On dirait cependant avec une double négation, si l'on souhaitait que la chose exprimée par le second verbe se réalisât :

Je crains qu'il *ne* vienne PAS.
Etudiez, de peur que vous *ne* sachiez PAS votre leçon.

7°. Avant *oser*, *cesser*, *pouvoir* (si on le veut), et toujours avec *savoir*, quand il marque *doute*.

E X E M P L E S :

Je N'ose (ou je *n'*ose *pas*) m'expliquer.
Je NE cesse (ou je *ne* cesse *pas*) de travailler.
Nous NE pouvons (ou nous *ne* pouvons *pas*) vous satisfaire.
Je *ne* sais si vous avez raison. (C'est-à-dire, je *doute* que vous ayez raison.)

On dirait :

Je *ne* sais PAS ma leçon.
C'est une chose que je *ne* sais *point*.

Pourquoi ? parce que *savoir* ne marque pas ici *doute ;* avec la double négation, il marque *ignorance.*

———

Rien moins que signifie quelquefois *pas : Il n'est* rien moins que *bête* (c'est-à-dire, il n'est *pas bête*).
Rien moins que signifie aussi *réellement : Il n'a cherché* rien moins qu'*à me supplanter* (c'est-à-dire, il a cherché *réellement* à me supplanter).

———

Il faut employer NI au lieu de *et*, quand la phrase est négative, c'est-à-dire, accompagnée de *ne*, *ne pas*.

E X E M P L E S :

N'*allez* pas *sur des vers sans fruit vous consumer,*
NI *prendre pour génie un amour de rimer.* (BOILEAU.)

Ce vers de la Motte :

Je ne *connaissais* point *Almanzor* et *l'amour*

est vicieux ; il faut : *ni* l'amour.

Par la raison contraire, il ne faut pas employer *ni* dans les phrases affirmatives ou non-négatives. Il y a une faute dans le second de ces vers :

Patience et longueur de temps
Font plus que *force* NI *que rage.* (LA FONTAINE.)

Il faut : ET que rage. *Plus*, suivi d'un *que*, n'est point *négatif ;* il est *adverbe.*
Au lieu de :

On m'a défendu de lire NI d'écrire,

Dites :

On m'a défendu de lire ET d'écrire.

CHAPITRE DEUXIÈME.

DE LA CONSTRUCTION.

On a vu dans la première partie de cet ouvrage et dans le premier chapitre de cette deuxième partie, la manière de faire accorder les mots entre eux, par exemple, l'adjectif avec le nom, le verbe avec le sujet, etc. etc. ; c'est ce qu'on appelle *syntaxe*.

Il ne sera question dans ce chapitre que de la *construction*, qui n'est rien autre chose que la manière de coordonner, d'arranger les mots.

NOTIONS PRÉLIMINAIRES.

Avant de parler de la construction, il est bon, je crois, de dire un mot de la *proposition*, vulgairement appelée *phrase*.

La proposition est, grammaticalement parlant, l'expression d'une pensée, l'énonciation d'un jugement.

Toute proposition renferme trois parties essentielles, le *sujet*, le verbe *être* et un *adjectif* ou *participe-présent* (1).

EXEMPLE :

sujet.   *verbe.*   *adjectif.*
Le rossignol   est   enchanteur.

Le verbe *être* est souvent fondu avec l'adjectif ou participe-présent, comme dans ces propositions :

Le rossignol enchante (c'est-à-dire, *est enchanteur, est enchantant*).
Je lis (c'est-à-dire, *je suis lisant*). (2)

DU COMPLÉMENT.

Outre ces trois parties constitutives de la proposition, il y a encore une quatrième partie que l'on appelle *complément* (3).

(1) Les nouveaux Grammairiens appellent le *sujet* JUDICANDE, parce qu'il marque *l'objet du jugement* ; ils appellent le verbe *être*, JUDICATEUR, parce qu'il offre le moyen de *juger de l'existence ou de la non-existence du sujet ou judicande* ; ils appellent enfin l'adjectif ou participe-présent, JUDICAT (le T sonne), parce qu'il marque *la chose jugée.*

(2) Le verbe *être* excepté, tous les verbes sont des *verbes-adjectifs* qu'on peut toujours décomposer ainsi :

J'aime.   Je finissais.   Je vendrai.   J'ai.   Courir.   Admire.
Je suis aimant.   J'étais finissant.   Je serai vendant.   Je suis ayant.   Être courant.   Toi, sois admirant.

(3) *Complément* signifie *qui complète, qui achève.*

Il y a quatre sortes de compléments ; *le complément-direct-prochain*, *le complément-indirect-prochain*, *le complément-direct-éloigné* et *le complement-indirect-éloigné*.

1º. *Le complément-direct-prochain* est le mot complémentaire vers lequel se *dirige* la pensée, l'expression, et à laquelle il se lie d'une manière *indivisible* (1), et sans le secours d'aucun mot intermédiaire.

EXEMPLES :

J'adore *Dieu.*   J'honore *mes parents.*   Je veux *lire.*

Dieu, *mes parents*, *lire*, vers lesquels *adorer*, *honorer* et *vouloir* se *dirigent* sans le secours d'aucun mot intermédiaire, sont des *compléments*-DIRECTS ; on les appelle *compléments-directs*-PROCHAINS, parce qu'ils se lient, se joignent à la phrase dont ils font partie nécessaire, indivisible.

2º. *Le complément-indirect-prochain* est le mot complémentaire vers lequel se *dirige* la pensée, l'expression, et à laquelle il se lie aussi d'une manière indivisible, mais à l'aide d'un mot intermédiaire (tel que *à*, *de*, *par*, *pour*, *avec*, *sans*, etc.) qui lui fait prendre une voie détournée, oblique.

EXEMPLES :

N'allons A la fortune que PAR la probité.
J'aime A lire.
L'exemple DU *monarque est la loi* DE *la terre.* (CLAUDIEN.)
. . . . *Soyez simple* AVEC *art.*
Sublime SANS *orgueil, agréable* SANS *fard.* (BOILEAU.)

Les mots *fortune*, *probité*, *lire*, *monarque*, *terre*, *art*, *orgueil* et *fard* qui se lient nécessairement à ceux qui les précèdent, mais seulement avec le secours d'une préposition, sont des *compléments-indirects-prochains*.

3º. *Le complément-direct-éloigné* est le mot complémentaire vers lequel la pensée, l'expression se dirige sans intermédiaire, et à laquelle il ne se lie toutefois que d'une manière *divisible* (2).

EXEMPLES :

Rome, *maîtresse du monde*, a succombé.
Nanci, *ville charmante*, est situé sur la Meurthe.
Régulus, *fidèle à sa parole*, retourna à Carthage.

Ces mots *maîtresse du monde*, *ville charmante*, *fidèle à sa parole*, sont des *compléments*-DIRECTS, parce que *Rome*, *Nanci*, *Régulus*, se *dirigent* sans intermédiaire vers chacun des mots *maîtresse*, *ville* et *fidèle ;* on leur a donné le nom de *compléments-directs*-ÉLOIGNÉS, parce qu'on peut les retrancher de la phrase, sans nuire au sens grammatical.

4º. *Le complément-indirect-éloigné* est le mot complémentaire vers lequel se dirige la pensée, l'expression, d'une manière aussi divisible, mais seulement à l'aide d'un intermédiaire, tel que *à*, *de*, *pour*, *en*, *dans*, *avec*, *sans*, etc., en un mot, avec le secours d'une préposition.

EXEMPLES :

Le plus sot animal, A mon avis, *c'est l'homme.* (BOILEAU.)
Rome perdit sa puissance, PAR *l'excès de son ambition.*
Moi-même, EN *ce moment, j'ai les larmes aux yeux.* (LE VIEIL HORACE.)

Ces mots *mon avis*, *l'excès de son ambition*, *ce moment*, sont des *compléments-* .

---

(1) C'est-à-dire, *sans pouvoir être détaché de la phrase.*
(2) C'est-à-dire, *de manière à pouvoir être détaché de la phrase.* On peut dire, par exemple : *Rome a succombé. Nanci est situé sur la Meurthe. Régulus retourna à Carthage.*

INDIRECTS, parce qu'ils sont précédés d'un mot intermédiaire *à*, *par*, *en;* on les appelle *compléments-indirects-éloignés*, parce qu'on peut les supprimer, sans que la phrase grammaticale en souffre.

Récapitulation.

Souvenez vous donc,

1°. Que le *complément-direct-prochain* est le mot *nécessaire* vers lequel se *dirige* la pensée, sans le secours d'aucune préposition ; et que le *complément-direct-éloigné* est le mot *supplémentaire* vers lequel se *dirige* la pensée, sans le secours d'aucune préposition.

2°. Que le *complément-indirect-prochain* est le mot *nécessaire* vers lequel se *dirige* la pensée, avec le secours d'une préposition ; et que le *complément-indirect-éloigné* est le mot *supplémentaire* vers lequel se *dirige* la pensée, avec le secours d'une préposition.

DES DIVERSES PROPOSITIONS.

Les propositions suivantes :

L'exercice fortifie le corps;
Je préfère la science aux richesses;

s'appellent *propositions-principales.*

Il y a des propositions qui complètent le sens principal, et qui en font nécessairement partie ; on les appelle *propositions-complétives-prochaines :* elles sont ordinairement liées par *que, qui, dont*, etc. Telles sont celles des phrases suivantes :

L'exercice *qu'on prend à la chasse*, fortifie le corps.
Le mal qu'on dit d'autrui, *ne produit que du mal.* (DESPRÉAUX.)
Le premier qui fut roi, *fut un soldat heureux.* (VOLTAIRE.)
L'homme puissant *qui est tombé*, lit sa chûte dans les yeux des autres. (SHAKESPEAR.)
L'ouvrage *dont on m'a parlé*, est profond.

Il y a des propositions supplémentaires, c'est-à-dire, qui, quoique nécessaires au complément de l'idée qu'on veut exprimer, ne font pas indispensablement partie du sens principal, et qui sont susceptibles d'en être détachées; on les appelle *propositions-complétives-éloignées.*

EXEMPLES:

L'exercice, *quand il n'est pas trop violent*, fortifie le corps.
Les passions, *qui sont les maladies de l'âme*, ne viennent que de notre révolte contre la raison. (CICÉRON.)
. . . . *Rome, qui me contemple,*
A besoin de ma perte, et veut un grand exemple. (TITUS.)

Plusieurs propositions dépendant les unes des autres, et présentant un sens complet, s'appellent *période.*

EXEMPLES:

(Période à deux membres.)

(1er. *membre*) : Plus on est honnête homme, (2e. *membre*) plus on a de peine à soupçonner les autres de ne l'être pas. (CICÉRON.)

(Période à trois membres.)

(1er. *membre*) : Suivre toujours la raison, et ne suivre jamais le sentiment, c'est être plus qu'homme; (2e. *membre*) suivre toujours le sentiment, et ne suivre jamais la raison, c'est être moins qu'homme; (3e. *membre*) suivre tantôt l'une, tantôt l'autre, c'est être précisément homme. (UN ANCIEN.)

DE LA CONSTRUCTION.

Quand le *sujet* commence la phrase, qu'il est suivi du *verbe*, et celui-ci du *complément-direct* et du *complément-indirect*, la construction s'appelle *construction simple*.

EXEMPLE :

Newton démontrait Dieu aux sages. (VOLTAIRE.)

L'*usage* permet quelquefois de s'écarter de cet ordre naturel ; la construction s'appelle alors *construction usuelle*.

ARTICLE PREMIER.

Le sujet de la phrase se place après le verbe,
1°. Quand le sujet est accompagné d'une longue suite de mots.

Au lieu de :

Sur le sommet du Pinde, au séjour des orages, un *temple* auguste, affermi par les âges, *s'élève ;*
C'est de la sagesse des gouvernements que *la durée* et *la tranquillité* des empires *dépendent ;*
N'imitez pas ces grands, ces hommes inutiles, que *la mollesse* et *le luxe* des villes *énervent ;*

Dites :

Sur le sommet du Pinde, au séjour des orages,
S'élève un temple auguste, affermi par les âges, etc.
C'est de la sagesse des gouvernements que DÉPENDENT *la durée* et *la tranquillité* des empires.
N'imitez pas ces grands, ces hommes inutiles
*Qu'*ÉNERVENT la mollesse *et le luxe des villes.* (ST.-LAMBERT.) [1]

2°. Quand on veut éviter ou une chûte désagréable ou une mauvaise consonnance.

Au lieu de :
Vous ne sauriez croire jusqu'où son indolence *va ;*
C'est du cœur que les grandes pensées *viennent ;*
Voilà les derniers vœux que tes amis *forment ;*
Je n'adore qu'un Dieu, maître de l'univers,
Sous qui le ciel, la terre et les enfers tremblent ;
Cet orateur par*la* tant que l'assemblée du*ra ;*
*La loi permet souvent ce que l'honneur déf*end ;

Dites :
Vous ne sauriez croire jusqu'où *va* son *indolence.*
C'est du cœur que *viennent* les grandes *pensées.* (VAUVENARGUES.)
Voilà les derniers vœux que forment *tes amis.*
Je n'adore qu'un Dieu, maître de l'univers,
Sous qui tremblent *le ciel, la terre et les* enfers.
Cet orateur parla tant que *dura* l'assemblée.
La loi permet souvent ce que défend *l'honneur.* (SAURIN.)

---

[1] Le premier de ces deux vers est inexact aux yeux d'un Grammairien :

Pourquoi trahir un fils sur qui déjà se FONDE
Le soin de l'Italie et l'empire du monde ? (DELILLE, *Énéide*, liv. 4.)

Il faut : se *fondent.*

Dans ces sortes de phrases (et elles reviennent à chaque instant), les commençants ne doivent jamais oublier de faire l'interrogation *qui est-ce qui?* laquelle amène le SUJET, *singulier* ou *pluriel*, *simple* ou *double*, et fait connaître s'il faut employer la *troisième* personne du *singulier* ou du *pluriel* du verbe.

3°. Dans les phrases interrogatives.

Es-*tu* délassé? As-*tu* chanté? Part-*il?* Est-*ce* lui? Est-*ce* elle? Sont-*ce* eux? Étaient-*ce* elles? Se marient-*elles?* Que dit-*on* de nouveau? Que vous ont fait *ces enfants?* Pourquoi ne jouent-*ils* pas? A quoi servent *de grandes richesses?* Où se portent *vos pas?* Comment se portaient *vos frères*, quand vous les avez quittés?

REMARQUE. Cette troisième règle s'applique aux phrases elliptiques. (*Voyez* l'article V de ce chapitre.)

4°. Quand le verbe est impersonnel.

Il est arrivé *un grand malheur.*

5°. Quand on nomme ou qu'on indique la personne dont on cite les paroles.

EXEMPLES :

Je ne suis jamais moins seul, disait *Scipion l'Africain* (ou disait-*il*), que lorsque je suis seul.

C'est à Sparte, disait *un étranger témoin du respect des jeunes-gens pour les vieillards*, c'est à Sparte qu'il est agréable de vieillir.

6°. Après *peut-être, aussi, en vain, au moins, ici, là, tel, ainsi*, et *à peine*, quand l'un de ces mots commence la phrase, ou un membre de phrase.

EXEMPLES :

Peut-être *a-t-*il *le cœur facile à s'attendrir.* (RACINE.)

Alix est bon fils, bon époux et bon père; *aussi* est-*il* très estimé.

En vain aurais-*je* cherché à le sauver.

Ici étaient *mes amis.*

Là *sont* les vrais héros, là *règnent* les bons rois. (VOLTAIRE.)

Tels étaient *vos plaisirs. Ainsi* s'est conclue *l'affaire.*

Tout ce vaste océan d'azur et de lumière,
Tiré du vide même et formé sans matière,
Arrondi sans compas et tournant sans pivot,
A peine *a-t-*il *coûté la dépense d'un mot.* (VOLTAIRE.)

Remarquez que toutes ces phrases, malgré la transposition du sujet, ne sont point terminées par le point d'interrogation (?) : c'est qu'elles ne sont réellement pas interrogatives.

ARTICLE DEUXIÈME.

De la place des Propositions complétives, et des Compléments éloignés (directs ou indirects) qui ont rapport au sujet.

1°. Certaines propositions complétives qui ont rapport au sujet, se placent souvent et avec grâce en tête de la phrase.

EXEMPLES :

Si l'on veut vivre tranquille, il faut mépriser les propos des sots, la haine des envieux, l'insolence des riches. (GAUBERTIN.)

« *Quand je donne une place,* je fais cent mécontents et un ingrat. » (*Mot* de Louis XIV.)

Pour se tromper, il suffit d'être homme; mais, *pour s'obstiner dans son erreur,* il faut être fou. (CICÉRON.)

Comme le vent dans l'air dissipe la fumée,
La voix du Tout-puissant a chassé cette armée. (RACINE.) (1)

2°. Les compléments-éloignés (*directs* ou *indirects*) se placent également et avec grâce avant le sujet, ce sujet fût-il même un nom.

EXEMPLES :

(*Compléments-directs-éloignés.*)

FIDÈLE *à sa parole,* RÉGULUS retourna à Carthage, où il savait que la mort l'attendait. (2)

. . . . OCCUPÉE à te plaire,
REDOUTANT de te perdre, *et* MARCHANT sur tes pas,
ARMIDE (3) *te suivra dans le choc des combats.* (COLARDEAU.)

. . . . OCCUPÉ de sa crainte,
IL (ou CLAUDE) *laissa pour son fils échapper quelque plainte.* (RACINE.)
INNOCENTE à mes yeux, JE *m'approuve moi-même.* (PHÈDRE, *épouse* de Thésée.)
OBLIGÉS de s'aimer, *sans doute* ILS *sont heureux.* (ZAÏRE, en parlant des chrétiens.)

BERGER d'un beau troupeau, JE *suis plus beau moi-même.* (VIRGILE, traduct. de Domergue.)

FILLE d'Agamemnon, *c'est* MOI qui, *la première,*
Seigneur, vous appelai *de ce doux nom de père.* (IPHIGÉNIE.)

MAÎTRES *de l'univers,* LES ROMAINS s'en attribuèrent les trésors. (MONTESQUIEU.)

Déplorables JOUETS d'invincibles penchants,
Nous *portons dans nos cœurs nos plus cruels tyrans.* (S. VICTOR.)

---

(1) Toutes ces phrases complétives : *Si l'on veut vivre tranquille ; quand je donne une place ; pour se tromper ; pour s'obstiner dans son erreur ; comme le vent,* etc. toutes ces propositions complétives, dis-je, placées à la fin de la phrase, feraient le plus mauvais effet.

(2) Au lieu de : *Régulus, fidèle à sa parole,* retourna, etc.

(3) *Armide,* nom de femme. C'est comme s'il y avait : *Armide, occupée à te plaire, redoutant de,* etc. *et marchant sur,* etc. te suivra, etc. etc.

REMARQUE. Il est bon de se rappeler que le *complément-direct-éloigné* est tantôt un *adjectif* ou un *participe,* tantôt un *nom* avec ses dépendances.

(Compléments-indirects-éloignés.)

Dans l'état où je suis, ME CONNAIS-JE *moi-même.* (Rhadamiste.)
(Au lieu de : Me connais-je moi-même *dans l'état,* etc.)
Chez *les femmes*, la pudeur est une grâce ajoutée à la beauté. (Au lieu de : La pudeur est une grâce
ajoutée à la beauté *chez les femmes.*)

ARTICLE TROISIÈME.

De la place des Compléments directs et indirects.

1º. Quand les compléments sont de même longueur, le complément-direct se place
le premier.

EXEMPLE:

La vertu égale *l'homme* aux dieux. (Sénèque.)

2º. Quand les compléments ne sont pas de même longueur, le plus court, *quel qu'il
soit*, se place le premier.

EXEMPLES:

Je consacre *tout mon temps* à l'étude des sciences et des arts.
Je consacre *à l'étude* tout le temps dont je puis disposer.
Accordez *à tous* la tolérance civile. (Fénélon , *au duc de Bourgogne.*)

Remarque. Il faudrait s'écarter cependant de cette règle, si la clarté de la phrase
l'exigeait.
Au lieu de :

Je donne tout le temps que je puis *consacrer à l'étude* des sciences et des arts ;

on dirait, pour ôter l'équivoque :

Je donne *à l'étude des sciences et des arts* tout le temps que je puis y consacrer.

3º. Avec les verbes *ajouter, joindre,* et quelques autres, le complément-indirect se
place souvent avant le verbe.

EXEMPLES:

A ces réflexions j'ajouterai les suivantes.
Aux charmes de la beauté, madame Deshoulières joignait les agréments de l'esprit.

Quand on veut arrêter l'attention sur le complément-direct, le complément-indirect
se place aussi avant le verbe. Fléchier dit, par exemple, en parlant des armées formi-
dables de l'Allemagne :

A ce colosse immense on oppose un seul homme. (*Oraison funèbre* de Turenne.)

4°. Il est souvent élégant de prendre le complément-direct d'un verbe pour en faire le *sujet* de la phrase, et de remplacer le complément par un pronom.

Au lieu de :

J'ai reçu la lettre que vous m'avez adressée ;
On regrette toujours ce qu'on donne aux méchants ;
L'économie donne au pauvre ce que la prodigalité ôte au riche.
La postérité sait nous rendre la justice qui nous est quelquefois refusée par nos contemporains ;
Les destins ne feront que montrer au monde cette fleur d'une tige, etc.

Dites :

La lettre que vous m'avez adressée, je L'ai reçue. (1)

Ce qu'on donne aux méchants, { on LE regrette toujours.
ou
toujours on LE regrette. (La Fontaine.)

Ce que la prodigalité ôte au riche, l'économie LE donne au pauvre.
La justice qui nous est quelquefois refusée par nos contemporains, la postérité sait nous LA rendre.
(La Bruyère.)

Cette fleur *d'une tige en héros si féconde*,
Les destins ne feront que LA *montrer au monde.* (Delille ; *Énéide*, liv. 6.)

Au lieu de :

La santé est le bien le plus nécessaire à l'homme ;

on peut dire aussi :

Le bien le plus nécessaire à l'homme, c'est la santé.

Au lieu de :

Elle *lui* va parler. Je *le* veux attendre. Il *se* faut entr'aider. Il ne *nous* a jamais voulu entendre, etc.

Dites :

Elle va *lui parler*. Je veux *l'attendre*. Il faut *s'entr'aider*. Il n'a jamais voulu *nous entendre*.

(On voit que, lorsque deux verbes se suivent, le *pronom-complément* doit se placer de préférence *avant le second verbe*.)

On dirait cependant :

Je vous *le* ferai dire.
Ma foi, ce n'est pas vous qui nous le ferez voir. (Boileau.)

---

(1) On pourrait dire aussi et élégamment :

Je L'ai reçue, la lettre que vous m'avez adressée.
Je LES ai lus, les vers que vous avez composés.

Et même :

Le voici, ce jour si long-temps attendu !

Il n'est pas moins élégant de donner *l'invariable pronom* LE pour complément-direct à un verbe ordinairement suivi d'un *que* conjonctif. (LE invariable signifie *cela*. Voyez la page 117.)

Je LE lui avais bien dit, *qu'il perdrait son procès.*
Elle L'avait bien prévu, *qu'elle échouerait dans ses projets.*
Annibal L'a prédit, croyez en ce grand homme,
Jamais on ne vaincra les Romains que dans Rome. (Racine.)

(C'est-à-dire : Annibal L'a prédit, *qu'on ne vaincra, etc.* ; il a prédit *cela*, je veux dire, *qu'on ne vaincra, etc.*)

On a vu, article 1er., 2e. et 3e., les *inversions*, c'est-à-dire, les transpositions les plus ordinaires ; l'usage fera connaître les autres. En voici encore quelques-unes qui méritent d'être remarquées :

Où la vertu finit, là le vice commence.
Où la discorde règne, apportez y la paix.

De plusieurs Hercules, l'antiquité n'a fait qu'un Hercule ; du seul Léibnitz, on ferait plusieurs savants.
(FONTENELLE.)

Au lieu de : *Le vice commence où la vertu finit. Apportez la paix où la discorde règne. L'antiquité n'a fait qu'un Hercule de plusieurs Hercules ; on ferait plusieurs savants du seul Léibnitz.*

Outre ces transpositions, communes à la prose et à la poésie, on s'en permet encore en vers de plus hardies. Telles sont les suivantes, marquées en caractères romains :

Le bonheur des méchants comme un torrent *s'écoule.* (RACINE.)
J'ai pleuré de nos rois *les disgrâces affreuses.* (VOLTAIRE.)
A tous les cœurs bien nés *que la patrie est chère !* (LE MÊME.)
Aux portes du tombeau *Dieu plaça l'espérance.* (J***.)

La terre sans culture a perdu tous ses charmes.
On arrache à son champ *le laboureur en larmes ;*
Et la faux des moissons, recourbée en croissant,
Sur l'enclume *s'allonge en glaive menaçant.* (Vers imités des *Géorgiques*, liv. 1er.)

En prose, il faudrait absolument dire : *Le bonheur des méchants s'écoule comme un torrent. J'ai pleuré les disgrâces affreuses de nos rois. Que la patrie est chère à tous les cœurs bien nés ! Dieu plaça l'espérance aux portes du tombeau. On arrache le laboureur à son champ , etc. et la faux s'allonge sur l'enclume en glaive menaçant.*

ARTICLE QUATRIÈME.

Des répétitions nécessaires.

1°. Quand on change de temps, on doit répéter le *sujet.*
Il y a une faute dans chacune des phrases suivantes :

Je soutiens et *soutiendrai* toujours qu'on ne peut traduire les poètes qu'en vers ;
J'ai dit et *dis* encore que la vertu n'est que la conformité de notre conduite à la droite raison ;

Dites :

Je soutiens et *je* soutiendrai toujours qu'on ne peut traduire les poètes qu'en vers. (PETITOT.)
J'ai dit et *je* dis encore que la vertu n'est que la conformité de notre conduite à la droite raison. (CICÉRON)

2°. Quand la clarté l'exige, on répète le *sujet* et même le *verbe.*

EXEMPLES :

Un seul de vos ouvrages, écrivait Raynal aux membres de l'assemblée constituante, *un seul de vos ouvrages* porte un grand caractère, c'est celui de la division de la France en départements.

Je n'ai jamais eu, disait dans l'amertume de sa douleur l'infortuné Louis XVI, *je n'ai jamais eu que des moments de bonheur.*

3°. Répétez le *sujet* et le *verbe*, quand le premier membre de la phrase est sans négation (*ne, ne pas*), et que le second prend une négation, et réciproquement.

E X E M P L E S :

Nous nous pardonnons tout, et *nous* NE *pardonnons* rien aux autres hommes.
J'ai fait des souverains, et *je* N'ai point voulu l'être.
Jurons de faire tout pour Rome, et de NE faire jamais rien pour nous.
Règle tes actions sur ta conscience, et NE les *règle* PAS sur l'opinion des hommes. (SÉNÈQUE.)
Le suprême bonheur N'est PAS dans les plaisirs, mais *il est* dans la paix du cœur.
Nous NE pardonnons rien aux autres, et *nous nous pardonnons* tout à nous-mêmes.
Tout le monde se plaint de sa mémoire, et personne NE *se plaint* de son jugement. (LA ROCHEFOUCAULT.)
Personne NE se plaint de son jugement, et tout le monde *se plaint* de sa mémoire.

Il serait moins correct de dire avec les La Fontaine, les La Harpe, les Voltaire et les Sauvigny :

Nous nous pardonnons tout, et rien aux autres hommes.
J'ai fait des souverains, et n'ai point voulu l'être.

Jurons . . . .
De faire tout pour Rome, et jamais rien pour nous.
Règle tes actions sur ta conscience, et non sur l'opinion des hommes. (1)

. . . . *Le suprême bonheur*
N'est pas dans les plaisirs, mais dans la paix du cœur.

Nous ne pardonnons rien aux autres, et tout à nous mêmes.
Tout le monde se plaint de sa mémoire, et personne de son jugement. (2)
Personne ne se plaint de son jugement, et tout le monde de sa mémoire.

4°. Répétez enfin le verbe quand il est *actif* dans le premier membre de phrase, et qu'il doit être *passif* (3) ou *réfléchi* (4) dans le second, et réciproquement.

Au lieu de :

Il n'a rien fait qui ne méritât de *l'être.*

Dites :

Il n'a rien fait qui ne méritât d'*être fait.*

Ne dites pas :

On est plus porté à *s'excuser* que les autres.
(On dit bien : *s'excuser;* mais on ne peut pas dire : *s'excuser les autres.*)

Dites :

On est plus porté à *s'excuser* qu'à *excuser* les autres.

---

(1) La construction de ces cinq phrases, quoique moins régulière que celle des autres, a néanmoins reçu le sceau de l'usage ; elle donne au discours plus de feu et de mouvement : on peut donc se la permettre, mais toutefois avec une certaine réserve. (*Voyez* les phrases elliptiques, art. V de ce chap.
Il est à remarquer que quoique l'on puisse dire :

Je sais combattre, vaincre, et ne sais point punir, (CÉSAR)

l'usage ne permet pas de dire :

Je ne sais point punir, mais sais combattre et vaincre.

Il faut absolument : *Mais JE sais*, etc.
Dites également : *Je ne dors pas, et JE travaille.*
(2) Ces trois phrases sont entièrement vicieuses.
(3) C'est-à-dire, *construit* avec *être.* (On sait que les verbes actifs sont construits avec *avoir.*)
(4) C'est-à-dire, *précédé de* SE à l'infinitif.

On dirait également bien :

On est moins porté à *excuser* les autres, qu'à *s'excuser* soi-même.

Dites aussi :

{ 1°. Nous sommes plus disposés à *nous* excuser qu'à *excuser les autres*.
{ 2°. Je *vous* déclare et je déclare *à la société* que, etc.

Pourquoi? parce que, dans le premier cas, le complément *les autres* ne peut pas précéder le verbe, comme le complément *nous* le précède ; et que, dans le second cas, le complément-indirect *à la société* ne peut pas précéder *je déclare*, comme le complément indirect *vous* (pour *à vous*) le précède.

Des répétitions élégantes.

EXEMPLES :

La terre est *le domaine* de l'homme, comme le ciel est *le domaine* de Dieu. (PLINE *le naturaliste.*)

Malheureuse, *j'appris à servir* le malheur. (DELILLE, *Énéide*, liv. 1.)
Un cœur noble *se sent de sa* noble *origine.* (DELILLE; *Enéïde*, liv. 4.)
Le sort fait *les parents, le choix* fait *les amis.* (Poème de *la Pitié.*)
Si tu veux qu'on t'épargne, épargne *aussi les autres.* (LA FONTAINE.)

On aime à *deviner* les autres, mais on n'aime point à *être deviné.* (LA ROCHEFOUCAULT.)

Un des apôtres de la Tolérance a dit : « Il faut *souffrir* tout ce que Dieu *souffre.* » (FÉNÉLON.)

Écris les injures *sur* le sable, et les bienfaits *sur* le marbre.

Ce n'est point la vérité qui *manque* aux hommes, ce sont les hommes qui *manquent* à la vérité. (BACON.)

J'aime que *le vieillard tienne un peu du jeune homme*, et que *le jeune homme tienne un peu du vieillard.*
(CICÉRON.)

Le monde est le *temple* de la divinité, *temple* auguste, seul digne de la grandeur et de la majesté divines.
(SÉNÈQUE.)

On se corrige quelquefois mieux *par* la vue du mal, que *par* l'exemple du bien. (PASCAL.)

On *se fortifie* le corps *par* l'exercice, et l'on néglige de *se fortifier* l'âme *par* la vertu. (DIOGÈNE.)

Il y a une *fausse* modestie qui est vanité, une *fausse* gloire qui est légèreté, une *fausse* grandeur qui est petitesse. (LA BRUYÈRE.)

REMARQUE. Quoique le verbe ait un sujet, on place souvent encore un pronom avant le verbe ; cette sorte de répétition du sujet anime le discours.

Au lieu de :

Ce génie qui affranchit l'Amérique, etc. n'est plus;

Dites :

IL n'est plus CE GÉNIE qui affranchit l'Amérique, et versa sur l'Europe des torrents de lumière.
MIRABEAU; *Éloge de Franklin.*)

19

Des répétitions vicieuses.

Au lieu de :

Cette tuile était *sur* le point de tomber *sur* ma tête ;

Dites :

Cette tuile était *près* de tomber sur ma tête. (*Prête à* serait une faute grossière. *Voyez* la page 125.)

Au lieu de :

Son ouvrage a été approuvé *par* des personnes recommandables *par* leur savoir ;

Dites :

Son ouvrage a été approuvé par des personnes d'un grand mérite.

Ou bien :

Des hommes recommandables par leur savoir ont approuvé son ouvrage.

Au lieu de :

Si l'on veut savoir *si*, etc. ;

Dites :

Veut-on *ou* désire-t-on savoir si, etc.

Au lieu de :

On *avait* confié l'éducation de cet enfant à un parent *qu'il avait, qui avait* un grand mérite ;

Dites, pour éviter la *triple* répétition de *avait* et le cliquetis du *qu'il qui :*

On avait confié l'éducation de cet enfant à un de ses parents, homme d'un grand mérite.

Au lieu de :

La délicatesse *des* pensées *du* livre *des* réflexions *de* morale *de* la Rochefoucault, etc.

Dites, pour éviter ces *des, du, des, de, de,* qui font le plus mauvais effet :

Les pensées délicates qu'on trouve dans le livre des réflexions morales de la Rochefoucault, etc.

ARTICLE CINQUIÈME.

De l'Ellipse.

L'ellipse n'est rien autre chose que la suppression de mots que réclamerait la construction simple. C'est par ellipse qu'on dit : *Qu'il obéisse*, c'est-à-dire, *je veux* qu'il obéisse ; *Qu'ils vivent long-temps*, c'est-à-dire, *je souhaite* qu'ils vivent long-temps.

On dit : { Ne méprisez personne, *fussiez-vous né* de parents riches.
{ Ne méprisez aucun individu, *fût-il* même *né* de parents pauvres.
(C'est-à-dire, *quand même vous seriez né* de parents riches ; *quand même il serait né* de parents pauvres.)

Je voudrais me venger, fût-ce même des dieux. (C'est-à-dire, *quand même ce serait des dieux.*)
(Crébillon.)

Dût ma muse par-là choquer tout l'univers,
Riche ou gueux, triste ou gai, je veux faire des vers. (C'est-à-dire, *quand ma muse devrait*
(Boileau.)   *par-là, etc.*)

Dieux, sauvez les Romains, dussent-ils être ingrats ! (C'est-à-dire, *quand même ils devraient*
(Voltaire.)   être ingrats.)

Puisse un doux avenir suivre ces jours de fête ! (C'est-à-dire, *je désire qu'un doux avenir puisse*
(Lemierre.)   suivre, etc.

Puisses-tu réussir ! (C'est-à-dire, *je souhaite que tu puisses* réussir.)

Périsse celui qui a établi, le premier, une distinction entre le juste et l'utile. (Socrate.)
(C'est-à-dire, *je souhaite* que celui qui a établi, etc. périsse.)

Périssent mes serments ! (C'est-à-dire, *je désire* que mes serments périssent.)

Puissent vos jours sereins ignorer la tristesse ! (C'est-à-dire, *je souhaite* que vos jours ignorent, etc.)
(Cailly.)

Il y a ellipse dans ce vers de La Fontaine :

On a toujours raison, le destin, toujours tort. (C'est-à-dire, le destin A toujours tort.)

L'ellipse est encore plus forte dans les vers suivants :

Molière (1) *est sous la tombe, et non les ridicules.* (C'est-à-dire, Molière est sous la tombe, *et les*
ridicules n'y sont pas.)

De l'encre, du papier, dit-il, qu'on nous enferme. (C'est-à-dire, *il faut qu'on nous donne* de l'encre,
(Boileau.)   du papier, *et qu'on nous enferme.*)

M'entendez-vous ? — Oui. (C'est-à-dire, *je vous entends.*)
Heureux ceux qui s'occupent utilement ! (C'est-à-dire, ceux qui s'occupent utilement, *sont* heureux.)
Heureuse celle qui m'a donné le jour ! (C'est-à-dire, celle qui m'a donné le jour, *est* heureuse.)
Non seulement tous ses honneurs et toutes ses richesses, mais encore toute sa vertu s'évanouit. (C'est-à-dire, non seulement tous ses honneurs et toutes ses richesses *s'évanouirent*, etc.)

On pourrait dire aussi :

Non seulement tous ses honneurs et toutes ses richesses s'évanouirent, mais encore toute sa vertu.
(Sous-entendez : *s'évanouit.*)

On dit par ellipse : { Le premier et le second régiment de chasseurs sont arrivés à Bruxelles.
{ La vingtième et la trentième page de ce volume sont déchirées.
{ L'un et l'autre cheval sont noirs (et non pas : l'un et l'autre *chevaux*, parce que
{ *deux* ou *plusieurs adjectifs* ne peuvent forcer un nom à prendre *le pluriel*). (1)

C'est-à-dire : { Le premier *régiment* et le second régiment de chasseurs sont arrivés à Bruxelles.
{ La vingtième *page* et la trentième page de ce volume sont déchirées.
{ *Ce cheval-ci* et ce *cheval-là* sont noirs.

---

(1) Poète comique.
(2) On dirait également : *L'une et l'autre* maison SONT BELLES ; *L'une et l'autre* chose me PLAISENT, etc. comme on dit : *Un* grand *et un* petit ARBRE SONT DÉPLACÉS *l'un près de l'autre.*
(*Voyez* la page 112.)

Des suppressions élégantes.

1°. Pour rendre là diction plus vive, on supprime souvent l'article.

EXEMPLES:

Citoyens, ennemis, étrangers, peuples, rois, empereurs, plaignent Turenne et le révèrent. (FLÉCHIER.)
Il faut employer tous les moyens avec les enfants, *encouragements, prières, remontrances.*

Delille a dit d'un maître d'école irrité :

Prières, doux propos, présents, *rien ne l'appaise.*

Boileau a dit de l'homme :

Bois, prés, champs, animaux, *tout est pour son usage.* } (1)

2°. Supprimez les mots imprimés en *italique* dans les phrases suivantes, et la diction sera aussi moins traînante.

EXEMPLES:

L'assemblée *étant* finie, chacun se retira chez soi.

Le luxe, *qui est un* fléau plus cruel et plus terrible que la guerre, ravagea l'empire romain et vengea l'univers vaincu. (JUVÉNAL.)

Quand on est jeune, on conserve pour sa vieillesse; *quand on est* vieux, on épargne pour la mort.
(LA BRUYÈRE.)

Ne soyez point ingrat, *parce que* ce vice est infâmant.

ARTICLE SIXIÈME.

Du Pléonasme.

On sait que l'ellipse n'est qu'une suppression de mots; le pléonasme est, au contraire, une surabondance de mots très vicieuse.
Chacune des phrase suivantes renferme un pléonasme :

1°. Il faut s'*entraider* { *mutuellement.*
{ *les uns les autres.*
2°. Il m'a *comblé* de *mille* éloges.
3°. Il N'a *seulement* QU'à se montrer.
4°. Les palais des souverains sont *pleins* de *beaucoup* d'hommes et vides d'amis.
5°. On s'est fait *de part et d'autre* des compliments *réciproques.*

---

(1) Il est à remarquer que , précédé de plusieurs noms singuliers ou pluriels, *tout* ou *rien* devient SUJET-PRINCIPAL, et que le verbe (et nécessairement l'adjectif) doit s'accorder avec *tout* ou avec *rien.* En voici un nouvel exemple :

Le cœur, l'esprit, les mœurs, tout gague à *la culture.* (VOLTAIRE.)

Mais il faudrait dire :

Le cœur, l'esprit, les mœurs, gagnent à *la culture.*

1°. *Entre* renferme implicitement la même idée que *mutuellement* ou *les uns les autres ;* dites donc :

Il faut s'*entr'*aider ;

Ou :

Il faut s'aider *mutuellement ;*

Ou enfin :

Il faut s'aider *les uns les autres.*

2°. *Mille* est superflu après *combler,* qui présente à l'esprit une quantité innombrable, indéfinie ; dites donc :

Il m'a comblé d'éloges.

Ou :

Il m'a donné mille éloges.

3°. *Ne*....... *que* signifie *seulement.* Exemple : *La colère n'est qu'une courte rage.* (Horace.). C'est-à-dire, la colère est *seulement* une courte rage. Dites donc avec Racine, en parlant de Dieu et de ses ennemis :

Pour dissiper leur ligue, il *n'*a *qu'*à se montrer.

4°. *Beaucoup* est superflu après *plein :* il y a nécessairement beaucoup d'hommes dans un lieu qui en est plein ; dites donc :

Les palais des souverains sont pleins d'hommes et vides d'amis. (Sénèque.)

5°. *De part et d'autre* et *réciproques* signifie la même chose ; retranchez donc l'un ou l'autre.

Ces vers de Voltaire offrent un pléonasme :

Ce grand corps déchiré dont les membres épars
Languissent dispersés *sans honneur et sans vie.* (Mahomet.)

Épars et *dispersés :* c'est dire deux fois la même chose, comme l'a fait observer La Harpe.

Quoique moins frappant, le pléonasme existe aussi dans le second de ces vers :

. . . *Mes cris, en frappant ces voûtes effrayantes,*
Les fatiguent en vain *de plaintes* impuissantes. (La Harpe.)

Des plaintes *impuissantes* sont réellement des plaintes *vaines :* il faut donc retrancher *en vain* ou *impuissantes.*

Des Pléonasmes reçus.

Il y a quelques pléonasmes autorisés par l'usage ; ils sont peu nombreux. Tels sont :

Je l'ai *vu* de mes *yeux.*
Je l'ai *entendu* de mes *oreilles.* | Ces deux pléonasmes sont peu usités aujourd'hui.

Je l'aime comme *mon propre* fils.

Il *m'*a parlé *à moi-même.*

Moi, je *m'arrêterais à de vaines menaces !* (Racine.)

Dans les rênes lui-même il *tombe embarrassé.* (Hippolyte.)

Moi-même, en ce moment, j'ai les larmes aux yeux. (Le vieil Horace.)

ARTICLE SEPTIÈME.

Des Gallicismes.

On entend par Gallicismes (ou *Francismes*), certaines constructions particulières à la langue française. Tels sont :

C'est vous que je cherchais.
C'est près de mon berceau que je voudrais vieillir. (Fontanes.)
C'est des Grecs et des Romains que nous sont venues les lumières.
C'est à vous seul que j'ai recours.
C'est un poids bien pesant qu'un nom trop tôt fameux. (Voltaire.)
De tous les hommes , c'est le plus digne de pitié.
Ce à quoi l'on pense le moins , c'est qu'on est mortel.

Au lieu de :

Je vous cherchais.
Je voudrais vieillir près, etc.
Les lumières nous sont venues des Grecs, etc.
J'ai recours à vous seul.
Un nom trop tôt fameux est un poids , etc. etc. etc.

ARTICLE HUITIÈME.

Des vices de construction.

1°. C'est une faute de donner le même complément à plusieurs mots qui en demandent chacun un particulier.

La construction des phrases suivantes est vicieuse :

> Cet enfant est *utile* et *chéri* de ses parents.
> L'homme de bien *a droit* et *mérite* mon estime.
> Ce général *attaqua* et *s'empara* de la ville.
> Arrêté pris *en exécution* et *conformément* à la loi.

Utile appelle la préposition *à*, et *chéri* appelle la préposition *de*.

Avoir droit demande un *complément-indirect*, et *mériter* veut un *complément-direct*.

Attaquer veut un *complément-direct*, et *s'emparer* veut un *complément-indirect*.

Enfin, *en exécution* appelle la préposition *de*, et *conformément* appelle la préposition *à*.

Dites :
> Cet enfant est utile à ses parents et EN est chéri.
> L'homme de bien a droit à mon estime et L'obtient.
> Ce général attaqua la ville et s'EN empara.

Ou bien :
> Cet enfant est *utile* et *cher* à ses parents.
> L'homme de bien *mérite* et *obtient* mon estime.
> Ce général *attaqua* et *prit* la ville.

Dites :

Cet arrêté pris en exécution DE la loi et conformément AUX (*à les*) dispositions qu'elle prescrit.

Il y a une faute de construction dans cette phrase d'un Grammairien moderne :

Le subjonctif désigne un temps *joint* et *dépendant* d'un autre.

Joint appelle *à*, *dépendant* appelle *de ;* dites en conséquence :

Le subjonctif désigne un temps joint à un autre et qui EN dépend.

Ou bien :

Le subjonctif désigne un temps joint et *subordonné* à un autre.

2°. La duplicité de complément est vicieuse. Les phrases suivantes sont mal construites :

C'est *à vous à qui* je parle.
C'est *en vous en qui* j'ai mis ma confiance.
C'est *de lui dont* (pour *de qui*) je parle.
C'est *d'une* étoffe de ce genre *dont* j'ai besoin.
C'est *dans* cette maison *où* (pour *dans laquelle*) je demeure.
C'est *à* Westminster *où* le parlement tient ses séances.
C'est *de* là *d'*où je sors.
C'est *là où* je demeure.

Dites :

C'est à vous *que* je parle.
C'est en vous *que* j'ai mis ma confiance.
C'est de lui *que* je parle.
C'est d'une étoffe de ce genre *que* j'ai besoin.
C'est dans cette maison *que* je demeure.
C'est à Westminster *que* le parlement tient ses séances.
C'est de là *que* je sors.
C'est là *que* je demeure.

3°. Toute phrase louche est vicieuse ; *il* et *elle, son, sa, ses, le, la, les,* donnent souvent lieu à une équivoque.

On dira bien :

Mon grand père a fait construire *cette maison* ; ELLE est déjà vieille.
Ma grande mère a fait constru... *bâtiment* ; IL est déjà vieux.

On dira bien d'une personne :

Je plains SON adversité.

On ne dirait pas :

Mon grand père a fait construire *ce bâtiment* ; IL est déjà vieux.

Ma grand'mère a fait construire *cette maison* ; ELLE est déjà vieille.

IL serait équivoque, en ce qu'on pourait le faire rapporter à la fois au sujet *mon grand père*, ou au complément-direct *ce bâtiment* ; ELLE, pouvant se rapporter aussi au *sujet* ou au *complément-direct* de la phrase, serait également équivoque.

On ne dirait pas non plus :

Il aima toujours *cette personne* dans SON adversité.

(On sent que *son* pourait se rapporter à *il* ou à *cette personne.*)
Il faudrait dire, suivant le sens que l'on aurait en vue :

Il aima toujours cette personne, *quoiqu'elle fût* dans l'adversité.

Ou bien :

Quoiqu'il fût dans l'adversité, il aima toujours cette personne.

4°. *Pour, sans,* etc. suivis d'un infinitif, et en général toute proposition complétive indéfinie ou vague, se rapportent grammaticalement au sujet de la phrase. Quand le sens rend ce rapport choquant, il faut employer un autre tour.

Au lieu de :

Le temps est trop mauvais *pour sortir ;*

ce qui signifie : *Le temps* est trop mauvais pour qu'*il* (le temps) sorte ;

Dites :

Le temps est trop mauvais *pour qu'on* sorte, *pour qu'on* puisse sortir.

Au lieu de :

La vie de Titus ne fut pas assez longue, *pour opérer* tout le bien qui était dans son cœur ;

ce qui signifie : *La vie* de Titus ne fut pas assez longue, *pour qu'elle* opérât, etc. rapport bien choquant, *puisque la vie ne peut rien opérer ;* dites :

La vie de Titus ne fut pas assez longue, *pour qu'*IL opérât tout le bien qui était dans son cœur.

Ou bien :

Titus ne vécut pas assez long-temps, *pour operer* tout le bien qui était dans son cœur.

(Dans cette dernière phrase, *pour opérer* se rapporte naturellement au sujet *Titus ;* c'est comme s'il y avait : *Titus ne vécut pas assez long-temps,* pour qu'il *opérât,* etc. Or, le rapport au sujet n'est pas choquant ; donc la phrase est régulière.)
Voyez, à la fin de l'ouvrage, le n°. 176 des *Locutions vicieuses.*

5°. La répétition de deux ON, de deux QUI, etc. qui ne se rapportent pas à un même objet, est vicieuse. Ne dites pas :

On croit n'être pas trompé, cependant *on* NOUS trompe à tout moment.

Dites :

On croit n'être pas trompé, cependant *on* L'est à tout moment.

Ou bien :

Nous croyons n'être pas trompés, cependant *nous* le sommes à tout moment.

La phrase suivante est vicieuse :

La bienséance veut qu'*on* écoute avec attention ceux qui NOUS parlent.

Dites :

La bienséance veut que *nous écoutions* avec attention ceux qui *nous* parlent.

6°. *Il, elle, que, qui, dont, lequel, où, le, la, les, celui, le mien, le tien, le sien, le nôtre, le vôtre*, etc. ne peuvent se rapporter à des mots employés sans l'article *le, la, les*, ou *un, une*, à moins que l'article ne soit sous-entendu, comme il l'est toujours avec *mon, ton, son, notre, votre, ce, tel, nul, plusieurs*, etc. (*Voyez* la page 101, n°. 4.) (1)

Les phrases suivantes sont mal construites :

1°. Le plus grand malheur de l'homme est de se trouver *en faute;* ELLE est toujours présente à sa pensée.

2°. Pourquoi, dans les trois quarts de l'Europe, les filles prient-elles Dieu *en latin* QU'elles n'entendent point ? (VOLTAIRE.)

3°. On a écouté cet orateur *avec attention*, LAQUELLE a duré plus de trois heures.

4°. Mon neveu est *en pension* OU il y a plus de deux cents élèves.

5°. L'Empereur des Français *a droit* de faire grâce, et je LE trouve bien fondé.

6°. { Vous parlez *de musique*, sans LA savoir. (LA HARPE.)
{   *Vous me* rendez justice, *et je dois vous* LA *rendre*. (VOLTAIRE.)

7°. *Ayez soin* de votre santé; moi, j'aurai CELUI de vos affaires.

8°. Je vous fais grâce, quoique vous ne LA méritiez pas.

Dites :

1°. Le plus grand malheur de l'homme est de se trouver en faute, et *cette faute* est toujours, etc. Ou bien : *et le souvenir en est toujours présent*, etc.

2°. Pourquoi, dans les trois quarts de l'Europe, les filles prient-elles Dieu en latin, *puisqu'elles n'entendent point cette langue?*

3°. On a écouté cet orateur *avec la plus grande attention* (avec une grande attention), et elle a duré plus de trois heures.

Ou bien :

On a écouté cet orateur avec attention, et *cette attention*, etc.

4°. Mon neveu est dans *une* pension où il y a plus de deux cents élèves.

5°. L'Empereur des Français *a droit* de faire grâce, et je trouve *ce droit* bien fondé.

Ou bien :

L'Empereur des Français a *le* droit de faire grâce, et je *le* trouve bien fondé.

6°. { Vous parlez de musique, *sans connaître cet art.*
{ Vous me rendez justice, et je dois vous rendre *aussi justice.*

7°. *Ménagez* votre santé; moi, j'aurai soin de vos affaires.

8°. { Je vous accorde *votre* grâce, quoique vous ne *la* méritiez pas. (2).
{ Je vous fais grâce, quoique vous ne LE méritiez pas. (3)

---

(1) Si l'usage permet de dire :

Il agit *en roi qui* sait régner;
Il est accablé *de maux qui* lui font perdre patience ;
Il n'y a *injustice qu'il* ne commette ;

c'est que ces phrases elliptiques répondent exactement à celles-ci :

Il agit comme *un roi qui* sait régner.
Il est accablé de *plusieurs* maux *qui* lui font perdre patience.
Il n'y a pas *une* injustice (il n'y a *aucune* injustice) qu'il ne commette. (*Voyez* la page 101, n°. 4.)

(2) Quand je dis *votre grâce, ma mère*, etc. c'est comme si je disais : *la grâce de vous*, *la mère de moi*. Il s'ensuit qu'on peut dire : *Ma* mère ira voir *la vôtre*; au lieu que l'on ne pourrait pas faire usage de cette locution : *Maman* ira voir *la vôtre*.

(3) *Le*, signifiant *cela*, est invariable. La phrase énoncée plus haut répond à celle-ci : « *Je vous fais grâce, quoique vous ne méritiez pas* CELA , c'est-à-dire, *qu'on vous fasse grâce.* (*Voyez* la page 117.)

Fragment d'une Épître de Boileau, où tous les mots sont classés.

> Un jour, dit un auteur, n'importe en quel chapitre,
> Deux voyageurs à jeun rencontrèrent une huître ;
> Tous deux la contestaient, lorsque, dans leur chemin,
> La Justice passa, la balance à la main.
> Devant elle, à grand bruit, ils expliquent la chose.
> Tous deux avec dépens veulent gagner leur cause.
> La Justice, pesant ce droit litigieux,
> Demande l'huître, l'ouvre et l'avale à leurs yeux ;
> Et par ce bel arrêt terminant la bataille,
> « Tenez, voilà, dit-elle à chacun, une écaille,
> » Des sottises d'autrui nous vivons au Palais :
> » Messieurs, l'huître était bonne. Allez, vivez en paix. »

Un jour, dit un auteur, n'importe en quel chapitre, etc.

Un, adjectif indéfini ou vague du masculin-singulier qui s'accorde avec le nom *jour*, qui est aussi du masculin et du singulier (*Voyez* la page 17.)—*Dit un auteur*, pour *un auteur dit*, transposition qui a lieu toutes les fois qu'on cite les paroles de quelqu'un (*Voyez* la page 135). *Un*, adj. indéf. qui s'accorde en genre et en nombre avec le nom *auteur*. *Dit*, troisième personne du présent de l'indicatif du verbe *dire* qui s'accorde en nombre et en personne avec son sujet *un auteur*. Il est bon de se rappeler que tous les objets *dont* on parle, marquent une TROISIÈME personne (*Voyez* la page 24). — *N'importe en quel chapitre. N'importe* pour *il n'importe. Il importe*, verbe impersonnel, employé au présent de l'indicatif (*Voyez* la page 58). *Ne*, négation. *En*, préposition qui rejette l'article (*Voyez* la page 124). *Quel chapitre*, complément de la préposition *en. Quel*, adjectif du masculin singulier qui s'accorde avec le nom *chapitre*, qui est de ce genre et de ce nombre.

Deux voyageurs à jeun rencontrèrent une huître.

Deux, adj. numéral ou de nombre qui ne varie point au pluriel, et qui s'accorde avec le nom pluriel *voyageurs* (*Voyez* les pages 18 et 111). *A jeun*, adverbe composé (*Voyez* la page 83). — *Rencontrèrent une huître. Rencontrèrent*, troisième personne plurielle du passé-défini du verbe *rencontrer*, qui obéit à son sujet, *deux voyageurs. Une huître*, complément-direct du verbe *rencontrer. Une*, adjectif numéral, qui s'accorde en genre et en nombre avec son sujet singulier *huître* (*V*. la page 18).

Tous deux la contestaient, lorsque, dans leur chemin,
La Justice passa, la balance à la main.

Tous deux, sous-entendez *voyageurs*. Il faudrait, conformément à l'observation relatée page 112, *tous les deux.—La contestaient, la*, pronom du féminin singulier, qui est mis pour *elle, l'huître. Contestaient*, troisième personne plurielle de l'imparfait de l'indicatif du verbe *contester*, qui s'accorde avec son sujet pluriel de la troisième personne, *tous deux. — Lorsque, dans leur chemin. Lorsque*, conjonction. *Dans*, préposition. *Leur*, adjectif-possessif, qui rejette l'article (*V*. la page 101), et qui s'accorde en genre et en nombre avec le nom *chemin*. Remarquez que *leur*, suivi d'un nom singulier, ne prend jamais de S (*V*. la page 26, note 1). — *La Justice passa. La*, article féminin singulier du nom *Justice. Passa*, troisième personne du singulier du passé-défini du verbe *passer*, qui obéit à son sujet singulier *la Justice. La balance à la main. La*, article féminin sing. du nom féminin sing. *balance. A*, préposition. *La*, article féminin du nom féminin *main*.

Devant elle, à grand bruit, ils expliquent la chose.
Tous deux avec dépens veulent gagner leur cause.

Devant elle. Devant, préposition. *Elle*, pronom fém. singulier qui représente le nom *Justice*. Remarquez que le nom *Justice* est ici *personnifié* (*V*. la page 115). *A grand bruit*, sorte d'adverbe composé. — *Ils expliquent la chose. Ils*, pronom masc. pluriel mis pour *les voyageurs. Expliquent*, troisième personne plurielle du présent de l'indicatif du verbe *expliquer*, qui obéit à son sujet pluriel *tous deux, les deux voyageurs*, représentés par le pronom ILS. *La chose*, complément-direct du verbe *expliquer. La*, article féminin singulier du nom féminin singulier *chose. — Tous deux avec dépens*, etc. *Tous deux. Tous*, adjectif pluriel masculin ; *deux*, adjectif numéral qui est invariable au pluriel, lesquels s'accordent avec le *nom pluriel* sous-entendu, *voyageurs. Avec dépens. Dépens*, mot complémentaire de la préposition *avec. — Veulent gagner leur cause. Veulent*, troisième personne plurielle du présent de l'indicatif du verbe *vouloir*, qui obéit ici à son sujet pluriel *tous deux. Gagner*, infinitif-présent. *Leur cause*, complément-direct du verbe actif *gagner. Leur*, adjectif-possessif qui s'accorde avec le nom *cause*.

La Justice, pesant ce droit litigieux,
Demande l'huître, l'ouvre, et l'avale à leurs yeux.

La, article féminin singulier du nom *Justice. — Pesant ce droit litigieux. Pesant*, participe-présent qui est toujours *invariable* (*V*. la page 80). *Ce droit. Ce*, adjectif démonstratif, quand il est suivi d'un nom (*V*. la page 105). *Droit litigieux. Litigieux*, adj.

qui s'accorde, ainsi que *ce*, avec le nom *droit*. — *Demande l'huître*, *l'ouvre*. *Demande*, troisième personne du singulier du présent de l'indicatif du verbe *demander*, qui obéit à son sujet *la Justice*. *L'huître*, complément-direct du verbe actif *demander*. *L'* pour *la*, article féminin singulier du nom *huître* (*V*. la page 14). *L'ouvre*. *Ouvre*, troisième personne du singulier du présent de l'indicatif du verbe *ouvrir*, qui fait à l'indicatif-présent : J'*ouvre*, tu *ouvres*, il *ouvre*. *L'* pour *la*, pronom féminin singulier mis pour *elle*, *l'huître*, *ouvre* ELLE. — *Et l'avale à leurs yeux*. *Et*, conjonction. *Avale*, troisième personne du singulier de l'indicatif-présent du verbe actif *avaler*, qui obéit à son sujet singulier *la Justice*. *L'* mis pour *la*, pronom féminin singulier qui représente le nom féminin singulier *l'huître* ou *elle*, *l'huître*. *A leurs yeux*. *A*, préposition. *Yeux*, pluriel masculin du nom *œil*, avec lequel s'accorde l'adjectif-possessif *leurs*, qui, suivi d'un nom pluriel, prend le S.

Et par ce bel arrêt terminant la bataille.

Et, conjonction. — *Par ce bel arrêt*. *Par*, préposition. *Ce*, adjectif démonstratif du masculin singulier, qui s'emploie avant une consonne. *Bel*, adjectif du masculin singulier qui s'emploie avant une voyelle. *Arrêt*, nom du masculin singulier avec lequel s'accordent les adjectifs *ce* et *bel*. — *Terminant la bataille*. *Terminant*, participe-présent *invariable*, qui se rapporte au nom *Justice*. *La bataille*, complément-direct du verbe actif *terminer*. *La*, article féminin singulier du nom *bataille*.

« Tenez, voilà, dit-elle à chacun, une écaille.

Tenez, seconde personne plurielle de l'impératif du verbe *tenir*. On sait que les personnes de l'impératif n'ont jamais de *pronom-sujet* (*Voyez* la page 122). *Voilà*, préposition des mots complémentaires-directs *une écaille*. *Une*, adjectif numéral qui s'accorde en genre et en nombre avec *écaille*. *A chacun*, complément-indirect. *A*, préposition. *Chacun*, nom indéfini, c'est-à-dire, *indéterminé* (*V*. la page 135). *Dit-elle*, pour *elle dit* (*V*. la page 15). *Elle*, pronom féminin singulier qui représente le nom féminin *la Justice*. *Dit*, troisième personne du singulier du passé-défini du verbe *dire*.

» Des sottises d'autrui nous vivons au Palais.

Mots transposés pour : *Nous vivons au Palais des sottises d'autrui* (*V*. la page 139). *Nous vivons*, première personne plurielle du présent de l'indicatif du verbe *vivre*. *Au Palais*. *Au* pour *à le* (*V*. la page 14). *A*, préposition. *Le*, article du nom masculin singulier *Palais*. *Des*, mot contracté pour *de les*. *De*, préposition. *Les*, article féminin pluriel du nom féminin pluriel *sottises*. *D'* pour *de*, préposition (*V*. la page 84). *Autrui*, nom indéfini.

» Messieurs, l'huître était bonne. Allez, vivez en paix.

Messieurs, nom pluriel au vocatif, c'est-à-dire, à la *seconde personne*. On peut dire : *O messieurs !* (*V*. la page 101, note 2). — *L'huître était bonne*. *L'huître*, sujet singulier du verbe *être* employé à la troisième personne du singulier de l'imparfait de l'indicatif, *était*. *Bonne*, adjectif féminin singulier qui s'accorde avec le nom *l'huître*. — *Allez*, *vivez*, seconde personne plurielle des verbes *aller* et *vivre*. — *En paix*, sorte d'adverbe composé. *En*, préposition. *Paix*, nom complémentaire de la préposition *en*.

OBSERVATION. Les commençants ne sauraient trop s'exercer sur ce modèle de classification.